Un'estate
tutta diversa

Un'estate tutta diversa

Maria Procopio-Demas
Foreign Language Department
F. A. Day Middle School
Newton, MA

Mariastella Cocchiara
Foreign Language Department
Melrose High School
Melrose, MA

Adapted from *Un été pas comme les autres* by **Huguette Zahler**

AMSCO SCHOOL PUBLICATIONS, INC.
315 Hudson Street, New York, N.Y. 10013

A Mark D. e Federico C. ...
con rispetto e amore

Please visit our Web site at:

www.amscopub.com

Original illustrations by **Laura Cornell**
Illustrations on pages 58, 79, 108, and 124 by **Samuel Ellison**

When ordering this book, please specify:
either **R O24 P** or
UN'ESTATE TUTTA DIVERSA

ISBN   0-87720-097-1

Printed in the United States of America

5 6 7 8 9 10   12 11 10 09

Preface

Un'estate tutta diversa is intended to give students in the early stages of learning Italian the pleasurable experience of reading simple material of significant linguistic and cultural value. The book can be read as early as the second year of middle school or the second half of a beginning course in high school.

Students will follow the exciting experiences of an American girl, fourteen-year-old Lisa Martin, on a visit with her teenage *amica di corrispondenza* in Italy. In the first dialogues, students share Lisa's excitement and anxieties of the pretrip preparations. Once in Italy, Lisa experiences the cultural metamorphosis that happens only with a long visit to another country, and students of Italian share in the fun. Through Lisa's adventures and experiences, students will be exposed to the grandeur and excitement of a cosmopolitan city like Rome. They will take the train to Rome and then the subway to go shopping in the Italian capital, and get to know the city as the Romans expe-rience it. Students will join Lisa in the thrill of making new friends, and the adventure of living away from home for the first time. They get to experience and appreciate life in a small Italian town, visit a southern seaside resort, go to a small-town *festa*, enjoy *Ferragosto* (August 15th), learn to make a good frittata, and immerse themselves in the ambiance of everyday life in Italy as lived by Gianna and her extended family. The artwork included in each chapter reflects Lisa's voyage and Italian life. Before returning home to Newton in Massachusetts, Lisa will ride through the Italian countryside of Maremma, visit Florence, immerse herself in the historical and artistic wealth of the Renaissance, and discover the importance of today's Italian film industry of Cinecittà.

Each chapter of *Un'estate tutta diversa* is written mainly in the present tense and many cognates are used to facilitate immediate understanding. The content is simple but not simplistic; it gives the instructor many opportunities to develop deeper insight. The exercises that accompany each chapter maximize the use of basic vocabulary, easy comprehension and basic structures. A complete and handy Italian-English vocabulary is provided for the students' benefit.

We, the teachers who adapted this reader, have guided our students on yearly visits to Italy. We have included many details that will excite and prepare students to visit Italy in the future.

Un'estate tutta diversa is written in current, updated language which will provide immediate skills and pleasure to our students. It is an effective and enjoyable learning experience for the beginning student of Italian.

M. P. D & M. D. C.

Contents

Un'estate
tutta diversa

Capitolo 1

Una bella notizia

Sono le tre e mezzo. Lisa ritorna dalla scuola. Lisa è una ragazza americana di 14 anni. Lei è piccola, molto bella, con i capelli biondi e corti. Abita con i suoi genitori e due *corti short* sorelle in una grande casa bianca a Newton, una piccola città degli Stati Uniti, vicino a Boston. Quando lei rientra a casa, sua madre *rientra returns* la chiama.

5

SIG.RA MARTIN: Lisa, vieni qua, c'è una lettera per te.

10

LISA: Una lettera? Da chi?

SIG. MARTIN: Una lettera da Gianna Lentini.

LISA: Una lettera da Gianna Lentini? Super!

Gianna Lentini è l'amica di corrispondenza italiana di Lisa. È un'idea della professoressa d'italiano. Molti studenti hanno un corrispondente o una corrispondente in Italia e si scambiano lettere. Gianna non *scambiano exchange* scrive spesso. Lei non ama molto l'inglese perché lo trova difficile. *lo trova finds it*

15

20

1

Lisa invece è brava in italiano. Lei ama l'italiano e lo trova facile.

> invece *instead*
>
> facile *easy*

LISA: Mamma, mamma, Gianna m'invita a passare due mesi in Italia quest'estate!

> m'invita *invites me*

25 SIG.RA MARTIN: Due mesi? Stupendo, ma il viaggio è caro.

> stupendo *great*

LISA: Dài, mamma, per piacere. Adoro l'italiano. Per favore, posso andare?

> dài *come on!*

SIG.RA MARTIN: Senti, aspettiamo fino a sta-
30   sera, e ne parliamo con tuo padre.

> fino *until*

Lisa aspetta suo padre con ansia. Guarda l'orologio, le quattro, le quattro e venti, le cinque meno dieci, le cinque e dieci.... Finalmente sono le sei e mezzo, il padre di
35 Lisa rientra dal lavoro.

LISA: Papà, papà, vieni subito!
SIG. MARTIN: Che c'è?

> vieni subito *come, hurry*

SIG.RA MARTIN: Lisa è emozionatissima, lei ...

LISA: Papà, Gianna m'invita! Oh papino,
40   per favore, posso andare in Italia?

> papino *daddy*

SIG. MARTIN: Aspetta un attimo, non capisco, chi è questa Gianna?

> aspetta *wait*

LISA: Ma sì che lo sai! Gianna Lentini, la mia amica italiana, mi invita ad
45   andare in Italia per luglio ed agosto.

> lo sai *you know*

SIG. MARTIN: In Italia? Tutta sola? Ma è troppo lontano.

> sola *alone*

LISA: Ma no papà, non tutta sola. C'è Gianna, sua madre, suo padre, e suo
50   fratello. Dài papà, ho quattordici anni, non sono più una bambina.

> più *any more*

SIG. MARTIN: Certo che non sei più una bambina, ma non so ....

55 SIG.RA MARTIN: Ma è anche costoso, il viag-
       gio, le spese ....

LISA: Allora, vado a lavorare. Siamo a feb-   lavorare *to work*
       braio, ho cinque mesi per guadagnare   guadagnare *to earn*
       soldi.

SIG. MARTIN: Ovviamente per il suo italiano
60   è un'ottima idea. Ma viaggiare da sola,   ottima *great*
       tutti questi soldi....

LISA: Lavoro sabato e domenica.

SIG.RA MARTIN: E i tuoi compiti?

LISA: Faccio i compiti il venerdì sera. Dai,
65   per favore, dite di sì, per favore,   dite *say*
       papino, mammina.

SIG. MARTIN: Bene, d'accordo. Senza dubbio   senza dubbio
       è una buon'idea. Puoi andare in   *without a doubt*
       Italia quest'estate.

70 LISA: Grazie mamma, grazie papà, siete
       formidabili!   formidabili *great*

ESERCIZI

A. **Vero o Falso? Indica se ognuna delle frasi seguenti è vera o falsa. Se è falsa, dai la risposta corretta.** (Indicate whether each of the following statements is true or false. If it is false, correct the statement.)

1. Lisa è italiana.
2. Lei ha i capelli corti e biondi.
3. Gianna è la sorella di Lisa.
4. A Lisa non piace l'italiano.
5. Il padre di Lisa rientra dal lavoro alle sei e mezzo.
6. Gianna invita Lisa per un mese.
7. Per guadagnare soldi, Lisa lavora il lunedì.
8. Il padre di Lisa accetta l'invito e lei va in Italia in estate.

B. **Scegli la migliore risposta per le seguenti domande.**

1. Lisa abita con i suoi genitori
   (a) in una piccola casa bianca.
   (b) in una grande casa verde.
   (c) in una grande casa bianca.

2. Gianna non scrive spesso
   (a) perché lei adora l'italiano.
   (b) perché a lei non piace l'inglese.
   (c) perché lei adora l'inglese.

3. La signora Martin esita (*hesitates*) perché
   (a) il viaggio in Italia è molto caro.
   (b) perché Lisa è una bambina.
   (c) perché due mesi sono troppo lunghi.

4. Lisa aspetta suo padre con ansia
   (a) per parlare dei suoi compiti.
   (b) per parlare dell'invito di Gianna.
   (c) per guadagnare dei soldi.

C.   **Sostituisci il soggetto con il pronome lui, lei o loro:**

ESEMPIO: **Lisa** è americana.
           Lei è americana.

1. Gianna non scrive spesso.
2. Il signor Martin rientra dal lavoro alle 6 e mezzo.
3. Lisa va a lavorare.
4. I signori Martin esitano.
5. Gianna abita in Italia.
6. La signora Martin dice che il viaggio è molto caro.

D.   **Rispondi alle domande e cambia l'articolo determinativo con il possessivo suo, sua o suoi.** (Answer the questions, replacing the definite article with the possessive adjective.)

ESEMPIO: I signori Martin sono **i genitori di Lisa**?
           Sì, i signori Martin sono **i suoi genitori.**

1. Il signor Martin è il padre di Gianna?
2. La signora Martin è la madre di Gianna?
3. Gianna è la corrispondente di Lisa?
4. La signora Lentini è la madre di Lisa?
5. Lisa fa i compiti il venerdì sera.
6. La casa di Lisa è a Newton.

E.   **Ripasso: La famiglia. Rispondi alle domande. Segui l'esempio.**

ESEMPIO: Chi è tuo zio?
           Mio zio è il fratello di mia madre (mio padre).

1. Chi è tua nonna?
2. Chi è tua cugina?
3. Chi è tua zia?
4. Chi è tua madre?
5. Chi è tuo padre?
6. Chi sei tu?
7. Chi è tuo fratello?
8. Chi è tuo nipote?

Capitolo 2

Una lettera a Gianna

Lisa deve rispondere alla lettera di Gianna. Lei vuole scrivere la lettera da sola, non vuole chiedere aiuto alla sua professoressa d' italiano. Prima però rilegge la
5 lettera ricevuta da Gianna.

vuole *wants*
aiuto *help*
rilegge *rereads*

Frascati, 5 febbraio

Mia cara Lisa,

Spero che tu stia bene, insieme ai tuoi genitori e alle tue sorelle. Io ho tanti compiti
10 a scuola e non vedo l'ora che arrivi l'estate.

spero *I hope*
stia *feel*

Ho una buona notizia, i miei genitori ti invitano a passare le vacanze estive con noi quì a Frascati. Puoi venire per luglio ed agosto? Spero che tu possa e voglia venire.
15 Ho molto da farti vedere e conoscere. Possiamo visitare Roma ed i dintorni, andare alla spiaggia, fare un viaggio con la mia famiglia. Ti farò conoscere tanti amici. Se vieni ci divertiremo tanto. Aspetto con
20 ansia una tua risposta.

non vedo l'ora *I can't wait*
notizia *news*
estive *summer*
possa *can*
farti *let you*
dintorni *surroundings*

ci divertiremo *we'll have fun*

Ti abbraccio con affetto,

abbraccio *hug*

Gianna

7

Lisa si mette a scrivere la sua risposta.   si mette *begins*
Decide di scrivere frasi brevi e semplici.

25   Newton, 14 febbraio
Cara Gianna,
    Ti ringrazio della lettera e del gentile   gentile *kind*
invito a passare l'estate con la tua famiglia a
Frascati. Sono felicissima di poter accettare.
30 Mio padre e mia madre sono contenti. Mio
padre ha un po' di paura perché non ho mai
viaggiato da sola, ma io non ho affatto paura!   affatto *at all*
Immagina in aereo da sola! Per risolvere il
problema dei soldi, ho trovato un lavoretto   soldi *money*
35 per sabato e domenica in una gelateria. Sono
pazza di gioia al pensiero di venire in Italia.   pazza di gioia *thrilled*
Spero che tu non mi prenda in giro per il   prenda in giro *make fun of*
mio forte accento americano. Dimmi, che
regalo posso portare ai tuoi genitori ed a tuo
40 fratello? (Per te, già lo so!) Bene, adesso ter-   già *already*
mino questa lettera perché devo finire i miei   termino *end*
compiti d'inglese. Domani dico a tutti a   dico *I am telling*
scuola che quest'estate la passo in Italia! A   la passo *will spend it*
presto.
45   Un bacione,   bacione *big kiss*

                            Lisa

P.S.-Ringrazia i tuoi genitori per l'invito.
P.P.S. -Sai che oggi, 14 febbraio è la festa di
San Valentino. Come si festeggia in Italia?   festeggia *celebrate*

50   Lisa è contenta della sua lettera e pensa   pensa *thinks*
già al suo viaggio. È contenta di poter cono-
scere Gianna in persona. Lisa ha una foto di
Gianna. Sa che la sua amica italiana è una
ragazza bruna con i capelli lunghi. Sicura-
55 mente è anche molto simpatica, pensa Lisa
mentre va di corsa all'ufficio postale per   mentre *while*
spedire la sua lettera.   spedire *to mail*

ESERCIZI

A. **Vero o Falso? Indica se ognuna delle frasi seguenti è vera o falsa. Se è falsa, dai la risposta corretta.**

1. Gianna decide di scrivere a Lisa.
2. Per scrivere la lettera Lisa chiede aiuto alla sua professoressa d'italiano.
3. Lisa decide di scrivere frasi brevi.
4. Lisa dice a Gianna che ha paura di viaggiare da sola.
5. Sabato e domenica lavora in pizzeria.
6. Lisa non sa che regalo portare alla famiglia che la ospita.
7. Il 14 febbraio è una festa nazionale in Italia.
8. Gianna è bionda con i capelli corti.
9. La famiglia di Gianna abita a Frascati.
10. Durante l'estate la famiglia di Gianna va in vacanza.

B. **Per ogni domanda scegli la risposta giusta.**

1. Perché Gianna aspetta l'estate con impazienza?
   (a) Lei adora la scuola.
   (b) Lei ha molti compiti a scuola.
   (c) Lei non ha niente da fare.

2. Che cosa faranno insieme le due amiche?
   (a) Viaggeranno da sole in aereo.
   (b) Lavoreranno in una gelateria italiana.
   (c) Faranno una villeggiatura.

3. Perché Lisa lavora in gelateria?
   (a) Le piace mangiare il gelato.
   (b) Vuole fare un bel regalo alla famiglia di Gianna.
   (c) Vuole guadagnare soldi per il suo viaggio.

4. Che cosa pensa Lisa della sua lettera?
   (a) È contenta.
   (b) Non è contenta.
   (c) È imbarazzata.

C. Scrivi che la persona ama fare queste attività.

ESEMPIO: Lisa scrive a Gianna.
        Lisa ama scrivere a Gianna.

1. Lisa studia l'italiano.
2. Gianna studia l'inglese.
3. Lisa scrive la sua lettera.
4. Lisa viaggia da sola.
5. Lisa lavora in una gelateria.
6. Lisa porta dei regali alla famiglia di Gianna.
7. Lisa conosce in persona la sua amica italiana.
8. Gianna presenta Lisa a tutti i suoi amici.
9. Gianna ospita Lisa in estate.
10. Lisa passa due mesi in Italia.

D. Rispondi cambiando la forma dell'aggettivo.

ESEMPIO: Pietro è italiano. E Gianna?
        Anche Gianna è italiana.

1. Marco è biondo. E Lisa?
2. Michele è bruno. E Gianna?
3. La mamma è bella. E papà?
4. Armando è contento. E Lisa?
5. Le sorelle di Lisa sono simpatiche. E il fratello di Gianna?

E. Forma una domanda seguendo l'esempio. Usa: come, dove, quando, che cosa, chi, o perché per formare la domanda.

ESEMPIO: Lisa scrive a **Gianna.**
        A chi scrive Lisa?

1. Lisa risponde a Gianna.
2. Gianna lavora in una gelateria.
3. Il padre di Lisa ha paura.
4. Gianni finisce la lettera.
5. Gianna porta un regalo.
6. Lisa parte domani.

F. Completa ogni frase seguendo l'esempio.

ESEMPIO: Compro il gelato in una gelateria.

1. Compro la carne in una....
2. Compro il latte in una....
3. Compro la torta in una....
4. Compro la pizza in una....
5. Compro le scarpe in una....
6. Compro una rivista in un'....
7. Compro la cartolina in una....
8. Compro il pane in un....
9. Compro il profumo in una....
10. Compro il prosciutto in una....

G. Seguendo il modello delle lettere di Lisa e di Gianna scrivi una lettera a un tuo amico in classe ed invitalo a passare un fine settimana con te e la tua famiglia.

Fai attenzione a:

- includere quando e dove andate.
- specificare che cosa fate insieme.
- fare gli accordi maschili/femminili.
- cominciare e finire la lettera con saluti.

Capitolo 3

I preparativi

Lisa ha un passaporto americano valido.
I suoi bagagli sono pronti. Lei parte dopodomani per l'Italia, quindi telefona alla
nonna che abita in California per salutarla.

bagagli *luggage*
quindi *therefore*

5 LISA: Pronto, nonna, sono Lisa!

NONNA: Nipotina cara! Allora sei pronta per
il tuo viaggio?

LISA: Sì nonna, le mie valige sono già fatte.

già fatte *already made*

10 NONNA: Hai il passaporto ed il visto?

LISA: Il passaporto sì, il mio è ancora valido. Ma che cos'è il visto?

ancora *still*

NONNA: Non hai il visto? Non hai bisogno
di un visto per visitare l'Italia?

15 Lisa comincia a preoccuparsi. Lei non ha
un visto, ha solamente il passaporto.

solamente *only*

LISA: Ma nonna, a che serve il visto?

a che serve *why do you need*

NONNA: Ascolta piccola mia, bisogna avere
un visto come permesso per viaggiare
20 in un paese straniero. Alcuni paesi lo
richiedono, altri no. Questo lo so!

richiedono *require*

13

LISA: È così anche per l'Italia, credi?　　　　credi *you believe*

NONNA: Non lo so. Telefona al consolato
　　　　italiano di Boston e informati. Poi
25　　　fammelo sapere.　　　　fammelo sapere *let me know*

LISA: Va bene nonna, telefono subito. Ti
　　　richiamo appena posso. Ciao.　　　appena *as soon as*

NONNA: A più tardi cara, e ... buona fortuna!

Lisa è un po' preoccupata. Lei prevede　　prevede *foresees*
30　già problemi con il suo bel viaggio. Dal　　già *already*
centralino informazioni riceve il numero di
telefono del consolato italiano e telefona.
Risponde una donna.

IMPIEGATA: Consolato italiano di Boston!　　impiegata *employee*

35　LISA: Buon giorno vorrei un'informazione　　vorrei *I would like*
　　　per favore....

IMPIEGATA: (interrompe) Attendere prego!　　attendere *to hold*

Lisa aspetta in linea ed ascolta la musica
lenta che viene dall'apparecchio telefonico.
40　Più aspetta e più diventa nervosa. Aspetta e
ascolta ... aspetta e ascolta ... aspetta e ascolta...

IMPIEGATA: Allora, diceva?　　diceva *you were saying*

LISA: Sì. Vorrei sapere se ho bisogno di un　　sapere *to know*
　　　visto per passare l'estate in Italia.　　ho bisogno *I need*

45　IMPIEGATA: No signorina. Per viaggiare in
　　　　　Italia dagli Stati Uniti ha bisogno
　　　　　solamente di un passaporto valido.

LISA: Sicuro?　　sicuro *are you sure*

IMPIEGATA: Certo, signorina. Per viaggiare in
50　　　　　Italia da turista ha bisogno solo di un
　　　　　passaporto. Lei è cittadina americana,
　　　　　vero?

LISA: Sì, ho già il passaporto. La ringrazio.　　la ringrazio *I thank you*

IMPIEGATA: Prego, signorina, e buon viaggio.

55   Lisa è più tranquilla e molto contenta
adesso, rifà il numero della nonna.

LISA: Nonna, non ho bisogno di un visto!
Ho appena parlato con il consolato
italiano e mi hanno assicurato che mi
60   serve solo il passaporto.

NONNA: Bene, sono contenta per te, cara.
Allora tutto è a posto. Sei nervosa?   tutto a posto *all set*

LISA: Un poco, nonna, ma non vedo l'ora di   non vedo l'ora
partire!   *I can't wait*

65 NONNA: Brava! Buon viaggio piccola. Diver-
titi, mi raccomando ... attenzione ... e,   mi raccomando
mandami qualche cartolina.   *I urge you*
                                               cartolina *postcard*

LISA: Grazie nonna ... non preoccuparti,
farò attenzione. Un forte abbraccio!   abbraccio *hug*

70 NONNA: Un abbraccio anche da me. Arrivederci a settembre cara, e di nuovo   di nuovo *again*
buon viaggio.

ESERCIZI

**A. Vero o Falso? Indica se ognuna delle frasi seguenti è vera o
falsa. Se è falsa, dai la risposta corretta.**

1. La nonna di Lisa abita nel Massachusetts.
2. Le valigie di Lisa non sono ancora pronte.
3. La nonna dice a Lisa che forse ha bisogno di un visto.
4. Lisa telefona all'ambasciata degli Stati Uniti.
5. Per viaggiare in Italia dagli USA è necessario un visto.
6. Un visto è un permesso per entrare in alcune nazioni.
7. L'impiegata del consolato italiano assicura Lisa che il
passaporto è sufficente.
8. La nonna raccomanda a Lisa di scrivere una cartolina.

B. Per ogni domanda scegli la risposta giusta.

1. Quando parte per l'Italia Lisa?
   (a) Parte fra due giorni.
   (b) Parte fra tre giorni.
   (c) Parte a settembre.

2. Che cosa preoccupa Lisa?
   (a) È preoccupata perché non ha valige.
   (b) È preoccupata perché non ha il passaporto.
   (c) È preoccupata perché non ha il visto.

3. Di che cosa l'assicura l'impiegata del consolato italiano?
   (a) L'assicura che non c'è bisogno di un visto.
   (b) L'assicura che non ha bisogno di un passaporto.
   (c) L'assicura che l'aereo parte in orario.

4. Che cosa dice la nonna a Lisa?
   (a) Le dice di scrivere qualche cartolina da Boston.
   (b) L'assicura di non fare attenzione a niente.
   (c) Le chiede di mandare una cartolina dall'Italia.

5. Come si sente Lisa prima della partenza?
   (a) Non vede l'ora di partire.
   (b) È nervosa e non vuole viaggiare.
   (c) È stanca di fare bagagli.

C. Abbina il vocabolario:

la cartolina	l'impiegato	il ricevitore
il visto	i bagagli	l' abbraccio

1. Molte valige e borse da viaggio.
2. Un permesso speciale per visitare un paese straniero.
3. Una persona che lavora in un ufficio.
4. La parte del telefono che tieni vicino all'orecchio.
5. Un pezzo di carta con una fotografia che scrivi agli amici quando vai in vacanza.
6. Una forma di saluto che si dà con le braccia.

D. Per ogni frase, scegli il verbo che va bene, e mettilo nella forma corretta.

amare	telefonare	cantare
arrivare	parlare	ballare
invitare	guardare	viaggiare
mangiare	lavorare	ascoltare

ESEMPIO: Gianna _____ Lisa per l'estate.
         Gianna invita Lisa per l'estate.

1. Lisa _____ alla nonna per salutarla.
2. L'impiegata _____ nell'ufficio del consolato italiano.
3. Lisa _____ in Italia alle 10 di mattina.
4. Noi _____ il venerdì sera al club.
5. Lisa _____ da sola in aereo.
6. Gli studenti non _____ fare i compiti.
7. Voi _____ la musica alla radio.
8. Lisa e suo padre non _____ al ristorante.
9. La sera io e mamma _____ la televisione.
10. Noi _____ una canzone in classe.

E. Qual è la loro nazionalità?

1. Pierre abita in Francia.
2. La ragazza abita in Germania.
3. Mark abita negli Stati Uniti.
4. Roberto e Simone abitano in Italia.
5. Jennifer abita in Inghilterra.

F. Discussione e composizione:

Immagina di andare in vacanza in Italia. Quale carta d'identità porti con te? Che cosa metti nella tua valigia? A chi telefoni per salutare? A chi scrivi una cartolina quando arrivi in Italia?

Il viaggio

Lisa è un po' nervosa. Lei parte stasera per Roma. Va all'aeroporto di Boston in macchina con i suoi genitori. Prende l'aereo da Boston a New York. A New York deve

5 cambiare aereo e prendere un charter che va fino a Roma. (I voli charter costano meno.) È abbastanza complicato!

Al ristorante dell'aeroporto di Boston, dove Lisa è con i suoi genitori, lei non può

10 mangiare.

SIG.RA MARTIN: Dài, mangia qualcosa!

LISA: Ti assicuro mamma che non ho fame. Mangio più tardi in aereo.

SIG.RA MARTIN: Non danno da mangiare tra

15 Boston e New York.

LISA: Allora mangio sull'altro aereo. Non ho proprio fame adesso.

SIG. MARTIN: Lasciala stare! Neanch'io ho fame. Siamo tutti un po' nervosi.

20 Il volo di Lisa sta per partire. Lei va all'uscita d'imbarco.

cambiare *to change*
fino *as far as*
abbastanza *rather*

allora *so*

lasciala stare *leave her alone*
neanche *neither*
uscita d'imbarco *boarding gate*

19

SIG.RA MARTIN: Ciao cara, buon viaggio. Non
dimenticare di scrivere.

LISA: Certo mamma, te lo prometto.

25 SIG. MARTIN: Sei sicura che vuoi partire?
Tutta sola...

LISA: Non ti preoccupare papà, andrà tutto
bene.

SIG. MARTIN: Telefonaci appena arrivi. Fai
una R (erre). Buon viaggio cara.

30

LISA: Ciao papà, non ti preoccupare, due
mesi passano subito!

Così, Lisa si avvia verso l'uscita d'imbarco. Fa finta di non vedere la lacrima che
35 cade dall'occhio di suo padre. Anche lei ha
voglia di piangere. Sarà tristezza o allegria?
Il viaggio Boston-New York va bene.
Lisa è un poco più calma. A New York non
ha nessun problema. Trova il suo volo, fa il
40 check-in, consegna la sua valigia, ed aspetta
l'ora della partenza. Alle otto di sera annun-
ciano l'imbarco del suo volo. Lisa passa dal
controllo di sicurezza, entra in aereo e trova
il suo posto. Lei è seduta tra una vecchia
45 signora italiana che non parla inglese ed un
signore giapponese che ascolta la musica.
L'aereo decolla alle nove. È la prima volta
che Lisa fa un viaggio così lungo da sola. È
molto fiera di sé stessa.
50 L'assistente di volo porta la cena. C'è del
pollo e un'insalata. C'è anche un formaggino
e un dolce al cioccolato. Lisa ama il dolce, e lo
mangia per primo. La signora italiana ed il
signore giapponese non parlano molto, ma
55 guardano Lisa mentre mangia.

LA SIGNORA: Signorina, vuole il mio dolce?
Io non ho molta fame.

---

dimenticare *to forget*

andrà *it will go*

appena *as soon as*
una R *a collect call*

si avvia verso *walks
toward*
fa finta *pretends*
la lacrima *tear*
cade *falls*
ha voglia di piangere
feels like crying

consegna *check in*

inbarco *boarding*

controllo *check*
posto *place*
è seduta *she is seated*

volta *time*

fiera *proud*

formaggino *soft
cheese*

LISA: Se lei non lo mangia, sì grazie signora.

IL SIGNORE: Ecco anche il mio dolce, io non
60 mangio il dolce.

LISA: Mille grazie signore.

Lisa mangia il dolce della signora. Si   si sente *feels*
sente un poco triste. Non vorrebbe mangiare   vorrebbe *would like*
anche il dolce del signore, ma loro la
65 guardano. Visto che lei è una ragazza   visto *seeing*
educata, mangia anche il terzo dolce .... Si
sente proprio stringere il cuore.   stringere il cuore
    a pain in her heart

Adesso vorrebbe dormire, ma i suoi
vicini parlano. Parlano l'italiano veloce-
70 mente, così velocemente che Lisa non capi-   velocemente *fast*
sce niente. Povera Lisa, adesso è veramente
nervosa!

ESERCIZI

A. Vero o Falso? Indica se ognuna delle frasi seguenti è vera o falsa. Se è falsa, dai la risposta corretta.

1. Lisa va direttamente da Boston a Roma.
2. Al ristorante, Lisa non ha fame.
3. Il signor Martin non vuole che Lisa telefoni dall'Italia.
4. Il signor Martin è contento che Lisa parte per l'Italia.
5. Lisa ha voglia di piangere.
6. Sull'aereo, Lisa è seduta vicino a due signore italiane.
7. Per cena, l'assistente di volo porta del pollo e delle patatine.
8. Lisa ha mal di cuore perchè ha mangiato troppi dolci.
9. Lisa non può dormire perchè i vicini parlano.

B. **Scegli la risposta che meglio completa ogni frase.**

1. Lisa è un poco nervosa perché
   (a) va a Boston.
   (b) parte da sola per Roma.
   (c) non conosce New York.

2. Il signor Martin non ha fame
   (a) perché lui è un poco nervoso.
   (b) perché non ama il dolce.
   (c) perché non parla italiano.

3. Lisa è fiera di
   (a) essere seduta tra una signora italiana ed un signore giapponese.
   (b) mangiare molti dolci.
   (c) fare un viaggio tutta da sola.

4. Il signore giapponese dà il suo dolce a Lisa perché
   (a) lui non mangia il dolce.
   (b) lui è generoso.
   (c) lui non ha fame.

5. Lisa sta un pò male sull'aereo perché
   (a) lei non parla il giapponese.
   (b) mangia troppo dolce.
   (c) i vicini la guardano.

C. **Rispondi in italiano. Ti piace o non ti piace?**

ESEMPIO: Ti piace la pasta?
    Sì, mi piace la pasta. (No, non mi piace la pasta.)

1. Ti piace il manzo?
2. Ti piace il dolce?
3. Ti piace la frutta?
4. Ti piace il pesce?
5. Ti piace il formaggio?
6. Ti piace la minestra?
7. Ti piace il pollo?
8. Ti piace viaggiare?

D. Rispondi alle domande in frasi complete. (Answer
the questions, using full sentences.)

ESEMPIO: A che ora cominci a studiare?
         Comincio a studiare alle quattro del pomeriggio.

1. A che ora cominci a fare colazione?
2. A che ora cominci a mangiare il pranzo?
3. A che ora cominci a guardare la televisione?
4. A che ora cominci a cenare?
5. A che ora cominci a fare i compiti?
6. A che ora comincia la scuola?

**E. Comprensione orale. Ascolta il passaggio e scegli la migliore
risposta per ogni domanda.** (Listen to the passage, and choose
the best answer.)

1. Perché è contento Luca?
    (a) Perché lui ama mangiare.
    (b) Perché lui parte alle sei di mattina.
    (c) Perché lui visita Los Angeles.

2. Perché la madre di Michela ha la lacrima all'occhio?
    (a) Perché Michela viaggia da sola.
    (b) Perché Michela prende il treno.
    (c) Perché la madre deve passare due mesi senza la figlia.

3. A che ora decolla l'aereo da Miami?
    (a) A mezzogiorno.
    (b) Il pomeriggio.
    (c) La mattina.

4. Che cosa mangia Enrico per dolce?
    (a) Un po' di frutta.
    (b) Il gelato.
    (c) I pasticcini.

5. Perché mia sorella ha una stretta al cuore?
    (a) Lei è nervosa.
    (b) Lei non conosce l'assistente di volo.
    (c) Lei mangia troppo gelato.

Capitolo 5

L'arrivo

L'aereo arriva a Roma alle dieci di mattina, ora italiana. Per Lisa sono ancora le quattro di mattina, è molto stanca. Guarda fuori dal finestrino, e cerca di vedere il
5 Colosseo. Non lo vede! Vede delle strade, vede tetti, vede l'aeroporto, però Lisa è a Roma, lo annuncia il comandante. I passeggeri scendono dall'aereo e vanno a ritirare i bagagli. Lisa ha una grande valigia rossa, ed
10 un piccolo zaino grigio. Saluta il signore giapponese e la signora italiana, ed esce.

Lisa dà il suo passaporto all'impiegato e se lo fa stampare come ricordo del suo primo viaggio in Italia. Dopo passa dalla dogana. Il doganiere è molto simpatico, sorride a Lisa mentre lei fa la dogana. C'è molta gente che aspetta i viaggiatori. Lisa cerca con lo sguardo la sua amica Gianna, ma non la vede. Lisa aspetta vicino all'uscita. Aspetta
20 per dieci minuti, ma Gianna non arriva. Dopo una mezz'ora che aspetta, decide di chiamare la casa di Gianna a Frascati. (Meno male che ha il numero di telefono!) Va in

ancora *still*

fuori *outside*
cerca *looks for*

ritirare *to pick up*
bagagli *luggage*
zaino *backpack*
esce *goes out*

impiegato *employee*
ricordo *souvenir*

doganiere *customs clerk*
gente *people*

aspetta *waits*
uscita *exit*

meno male *fortunately*

una cabina telefonica, cerca delle monete da
25 mettere nel telefono, ma non ha moneta   mettere *to put*
italiana! C'è una banca nell'aeroporto, e va a
cambiare i suoi dollari. L'impiegato le dà i   cambiare *to change*
soldi in lire, ed adesso ha la moneta per tele-   adesso *now*
fonare. Fa il numero, e la mamma di Gianna
30 risponde.

SIG.RA LENTINI: Pronto?

LISA: Buongiorno signora, sono Lisa,
l'amica di Gianna.

SIG.RA LENTINI: Ciao Lisa, dove sei?

35 LISA: Sono all'aeroporto signora.

SIG.RA LENTINI: All'aeroporto? Ma Gianna e
suo padre sono là che ti aspettano!
Non li vedi?

LISA: No, veramente non li vedo.   veramente *truly*
li *them*
40 SIG.RA LENTINI: Vediamo, sei all'aeroporto di
Fiumicino, vero?

LISA: Eh, non so, ... sono all'aeroporto di
Roma.

SIG.RA LENTINI: Ma cara, ci sono due aeroporti
45 a Roma, c'è Fiumicino e c'è Ciampino.
Sei sicura di essere a Fiumicino?

LISA: Veramente non so signora, vado ad
informarmi.

Lisa mette giù il ricevitore, e parla con   giù *down*
50 una signorina che passa.   ricevitore *receiver*

LISA: Mi scusi signorina, questo è l'aeroporto
di Fiumicino o di Ciampino?

LA SIGNORINA (molto sorpresa): Questo è
Ciampino. Guardi!

55 Lisa guarda e vede un grande cartellone: cartellone *sign*
BENVENUTI ALL'AEROPORTO DI CIAMPINO.
Ritorna al telefono e prende il ricevitore.

SIG.RA LENTINI: Allora?

LISA: Sono a Ciampino, Signora!

60 SIG.RA LENTINI: Ma guarda, tu sei a Ciampino, mentre Gianna e suo padre sono a Fiumicino ... che frana! Sicuramente il tuo volo era un charter, i charter atterrano a Ciampino.

65 LISA: Infatti, il mio volo era un charter. Mi dispiace.

SIG.RA LENTINI: Va bene, non ti preoccupare, risolviamo la situazione. Intanto tu sei molto vicina a casa. Una mezzoret-
70 ta di macchina. Adesso telefono al cellulare di mio marito e ti vengono a prendere a Ciampino. Aspetta all'ufficio informazioni.

Mentre aspetta Lisa pensa che sicura-
75 mente ci saranno tanti altri malintesi a causa della lingua.

allora *well*

che frana! *what a mess!*

intanto *meanwhile*

vengono *they ome*
prendere *to pick up*

ci saranno *there will be*
malintesi *misunderstanding*
lingua *language*

ESERCIZI

A. Vero o Falso? Indica se ognuna delle frasi seguenti è vera o falsa. Se è falsa, dai la risposta corretta.

1. Le dieci, ora italiana, sono le quattro di mattina per Lisa.
2. Lisa ha una piccola valigia grigia ed un grande zaino rosso.
3. Lisa vede Gianna quando atterra all'aeroporto.
4. Dopo mezz'ora, Lisa decide di telefonare a Newton.
5. Lei cerca della moneta, ma non ha soldi italiani.
6. Lisa arriva direttamente all'aeroporto di Fiumicino.
7. L'aeroporto di Ciampino è molto lontano da casa.
8. La signora Lentini telefona al marito al telefono pubblico.

B.   Scegli la risposta che meglio completa ogni frase.

1. I passeggeri escono dall'aereo perché
   (a) sono stanchi.
   (b) sono in Italia.
   (c) sono le dieci.

2. Lisa non vede Gianna perché
   (a) lei cerca la sua valigia.
   (b) lei telefona a Frascati.
   (c) lei è ad un altro aeroporto.

3. Lisa capisce che è a Ciampino quando
   (a) parla con la signora Lentini.
   (b) vede un grande cartellone.
   (c) arriva all'aeroporto.

4. Lisa aspetta Gianna
   (a) alla dogana.
   (b) al telefono publico.
   (c) all'ufficio informazioni.

5. Lisa arriva all'aeroporto di Ciampino perché
   (a) il suo volo è internazionale.
   (b) viaggia con l'Alitalia.
   (c) il suo volo è un charter.

C.   Rispondi in italiano. Che cos'hai? Usa l'articolo possessivo mio, mia, miei, mie.

ESEMPIO: Hai la tua penna?
         Sì, ho la mia penna. (No, non ho la mia penna.)

1. Hai il tuo libro?
2. Hai i tuoi compiti?
3. Hai i tuoi quaderni?
4. Hai la tua matita?
5. Hai le tue scarpe?
6. Hai i tuoi amici?
7. Hai le tue penne?
8. Hai il tuo zaino?

D. **Ogni persona ha le sue cose. Scrivi frasi complete, usando l'articolo possessivo che corrisponde al soggetto.**

ESEMPIO: La mamma/macchina
La mamma ha la sua macchina.

1. Io/zaino
2. Voi/famiglia
3. La professoressa/classe
4. I genitori/figli
5. Tu/lavoro
6. Papà/macchina
7. Lisa/bagagli
8. Noi/problemi

E. **Ripassate i giorni della settimana, i mesi dell'anno, e rispondete alle seguenti domande:**

1. Che giorno c'è prima di giovedì?
2. Qual è il primo giorno della settimana in Italia?
3. Che giorno c'è dopo venerdì?
4. Quante settimane ci sono a gennaio?
5. Quale mese c'è dopo giugno?
6. Qual è il primo mese di scuola?
7. Quali mesi hanno trenta giorni?
8. In quale mese c'è una settimana di vacanza a scuola?
9. In quale mese fa caldo e non c'è scuola?
10. In quale mese è il tuo compleanno?

F. **Quanti anni hai? Rispondi in frasi complete.**

ESEMPIO: Quanti anni ha Lisa?
Lisa ha 14 anni.

1. Quanti anni hai tu?
2. Quanti anni ha tua madre?
3. Quanti anni ha tuo padre?
4. Quanti anni ha tua sorella?
5. Quanti anni ha tuo fratello?
6. Quanti anni ha tuo nonno?
7. Quanti anni ha il tuo professore?

Capitolo 6

Frascati

Dopo un'ora di attesa, Gianna e suo padre arrivano all'ufficio informazioni di Ciampino.

attesa *wait*

GIANNA: Lisa, sei tu?

5   LISA: Sì, e tu sei Gianna?

GIANNA: Questo è mio padre.

SIG. LENTINI: Benvenuta Lisa, mi dispiace del ritardo, ma come al solito il traffico è orrendo, sulle strade intorno a Roma.

ritardo *delay*
solito *usual*
intorno *around*

10   Lisa è contentissima di vederli. Gianna è esattamente come nelle foto ed ha un'aria molto simpatica. Il signor Lentini è diverso dal tipico italiano descritto sui libri di lingua del suo liceo. É molto alto e biondo! Nei 15 suoi libri gli italiani sono sempre bassi, bruni e con i baffi. Interessante, pensa Lisa, mentre capisce che c'era uno stereotipo degli italiani nella sua mente.

lingua *language*

baffi *mustache*

mente *mind*

I tre salgono sulla macchina del signor 20 Lentini. È una FIAT, l'automobile piú comune in Italia, Lisa la trova molto piccola.

salgono *climb*

la trova *finds it*

Prendono l'autostrada e dopo poche uscite sono a Frascati, il paese caratteristico sulle
colline romane dove abita la famiglia Lenti-
25 ni. La signora Lentini li aspetta nel giardino
davanti casa. La villetta è carina, ci sono fiori
dappertutto. Lisa guarda la siepe intorno alla
casa ed il muro oltre il giardino. C'è una
veduta fantastica. In lontananza si vede la
30 Città Eterna.

autostrada *highway*
uscite *exits*

colline *hills*

carina *cute*
dappertutto *every-
where*
siepe *hedge*
oltre *beyond*
veduta *view*

SIG.RA LENTINI: Eccovi finalmente! Ciao Lisa,
benvenuta in Italia! Sei stanca?

eccovi *here you are*

LISA: Buon giorno signora Lentini. No, il
viaggio è stato molto comodo.

comodo *comfortable*

35 GIANNA: Ciao, mamma!

Lisa guarda con interesse Gianna e la
signora Lentini che si salutano con un bacio
su ogni guancia e ricorda di aver studiato che
gli italiani si salutano con un bacio sulla
40 guancia destra e uno sulla guancia sinistra.

si salutano *greet
each other*
bacio *kiss*

Gianna mostra a Lisa la sua camera da
letto, anzi la loro camera da letto. È al secondo piano, con molta luce che entra dal balcone che apre sul giardino. Ci sono due lettini e
45 un grande armadio per i vestiti delle ragazze.
Lisa apre subito una delle valige e tira fuori
un regalo per Gianna.

guancia *cheek*
mostra *shows*
anzi *actually*

armadio *armoire*
tira fuori *pulls out*

GIANNA: Che bella! Una T-shirt americana. Si
vede che conosci già i miei gusti!

gusti *taste*

50 Lisa va a dare i regali ai signori Lentini.

SIG.RA LENTINI: Ah lo sciroppo di acero e gli
ingredienti per fare le pancakes come
nei film americani. Non vedo l'ora di
assaggiarli! Mi aiuti tu a cucinarli!

sciroppo di acero
syrup

assaggiarli *to taste
them*
mi aiuti *you will
help me*

55 SIG. LENTINI: E questo libro sugli Indiani
d'America, è stupendo! Grazie Lisa.

LISA: Grazie ai consigli di Gianna!

consigli *advice*

GIANNA: E guardate che magnifica maglietta
per me!

60 LISA: Mi scusi signora. Vorrei fare una telefonata a casa. Una R. Ho promesso a
mio padre di telefonare non appena
arrivata. Sa, è un po' nervoso.

appena *as soon as*

SIG.RA LENTINI: Ma, cara non preoccuparti,
65 usa il telefono qui all'entrata!

LISA: Grazie, signora!

Lisa fa il numero di telefono di casa a
Newton, seguendo le indicazioni della
signora Lentini. Risponde il padre.

seguendo *following*

70 SIG. MARTIN: Hello!

LISA: Ciao papà, sono io, Lisa. Sono appena
arrivata a Frascati. Il viaggio è andato
benissimo!

appena *just*

SIG. MARTIN: Carissima, mi fa piacere. Aspet-
75 tavo la tua telefonata. Tutto bene? Sei
stanca?

aspettavo *I was
waiting for*

LISA: Un poco, papà, ma va tutto bene, ed i
Lentini sono simpaticissimi!

SIG. MARTIN: Sono contento cara. Salutami
80 tutti. Quando hai tempo, scrivici una
bella lettera e raccontaci tutto.

salutami *give my
regards*

raccontaci *tell us*

LISA: D'accordo. Salutami mamma, ciao
papà.

Improvvisamente Lisa si sente davvero
85 stanca. Accetta di fare un pisolino prima del
pranzo. Dopo pranzo visiterà il resto della
casa; adesso si limita di andare in bagno. "Ah
ecco il bidet" pensa entrando in bagno, ma
dopo pochi minuti è sdraiata sul letto e
90 dorme profondamente.

improvvisamente
suddenly
pisolino *nap*

bidet *bathroom fix-
ture resembling
a toilet*
sdraiata *laying*

ESERCIZI

A. **Vero o Falso? Indica se ognuna delle seguenti frasi è vera o falsa. Se è falsa, dai la risposta corretta.**

1. Lisa trova Gianna e suo padre a Ciampino.
2. La macchina del signor Lentini è piccola.
3. La famiglia Lentini abita in un appartamento.
4. In Italia le case sono circondate da un muro.
5. A casa di Gianna, Lisa ha una camera tutta sua.
6. Il regalo di Gianna è un libro sugli indiani d'America.
7. Il regalo della signora Lentini è lo sciroppo di acero.
8. Dopo il viaggio Lisa non è stanca.

B. **Scegli la migliore risposta per le seguenti domande.**

1. In che modo è diverso il signor Lentini dagli italiani del libro di Lisa?
   (a) Lui ha i baffi.
   (b) Lui è basso e bruno.
   (c) Lui è alto e biondo.

2. Quale abitudine italiana sorprende Lisa quando vede i Lentini insieme?
   (a) Loro si baciano su tutte e due le guance.
   (b) Loro abitano in periferia.
   (c) Loro danno fiori all'amica.

3. Perché la camera delle ragazze ha molta luce?
   (a) Perché la camera è piccola.
   (b) Perché la camera ha un balcone.
   (c) Perché la camera ha un grande armadio.

4. Perché la signora Lentini è contenta del suo regalo?
   (a) Perché lei ama le pancakes.
   (b) Perché sono un cibo tipico americano come nei film.
   (c) Perché sono dolci e buone.

5. Perché Lisa accetta di fare un pisolino prima del pranzo?
   (a) Lei è contenta.
   (b) Lei ha sonno.
   (c) Lei ha fame.

C. Sostituisci l'articolo definito con l'articolo dimostrativo.

ESEMPIO: Ecco **il** libro.
           Mi piace **questo** libro.

1. Ecco lo zaino.
2. Ecco l'armadio.
3. Ecco i regali.
4. Ecco la camera.
5. Ecco le pancakes.
6. Ecco gli amici.
7. Ecco lo sciroppo d'acero.
8. Ecco i bagagli.

D. Rispondi alle domande e cambia l'articolo determinativo con la forma corretta del dimostrativo quel, quello, quella quegli, quelle o quei .

ESEMPIO: Ti piace **la** valigia?
           Sì mi piace **quella** valigia.

1. Ti piace la camera?
2. Ti piace la macchina?
3. Ti piacciono i fiori?
4. Ti piace il balcone?
5. Ti piacciono i regali?
6. Ti piace l'armadio?
7. Ti piacciono gli amici?
8. Ti piace il pranzo?

E. Descrizioni: Il signor Lentini è grande e biondo.

1. E tu?
2. Tua Madre?
3. Tuo padre?
4. La tua amica?
5. Tuo fratello?
6. Il tuo ragazzo?
7. Il tuo amico?
8. Tua nonna?

**F. Comprensione. Leggi il seguente passaggio e rispondi
alle domande.**

Sonia è una giovane di 14 anni che abita a Varese una
regione della Lombardia al nord d'Italia. Lei abita con suo
fratello Saverio, suo padre e sua madre. La nonna di Sonia
abita anche con la famiglia. Lei vive in una villetta a due
piani alla periferia della città.

Sonia frequenta il liceo classico a Varese, e per andare a
scuola deve prendere due autobus la mattina. Il pomeriggio
ritorna a casa con una sua amica in motorino. La mamma di
Sonia non vuole che la figlia vada a casa in motorino perché
lo trova pericoloso, ma Sonia insiste perché è molto più facile
che prendere due autobus per ritornare a casa.

La ragazza ama l'inglese, anche se le viene difficile parlare
la lingua. L'anno prossimo vuole andare a studiare in
Inghilterra per un mese per imparare bene l'inglese.

1. In quale regione d'Italia abita Sonia?
2. Oltre alla famiglia immediata di Sonia, chi abita con loro?
3. Com'è la casa della ragazza?
4. Che tipo di liceo frequenta?
5. Abita nel centro della città?
6. Come va a scuola Sonia?
7. Come ritorna a casa il pomeriggio?
8. Perché la mamma non vuole che Sonia vada in moto?
9. Quale lingua straniera studia Sonia al liceo?
10. Che cosa trova difficile nello studiare l'inglese Sonia?

Capitolo 7

La prima cena

Lisa dorme profondamente da diverse ore quando Gianna entra nella camera da letto.

da diverse ore for several hours

GIANNA: Lisa, sveglia. Sono le otto.

5 LISA: Le otto? Le otto di mattina?

GIANNA: No, sciocca, le otto di sera. È ora di cena

sciocca silly

Lisa è un pò disorientata, ma si alza, va in bagno e si lava prima di scendere in sala da pranzo con Gianna.

si alza gets up
si lava cleans up
scendere to go down

10 In Italia il pranzo è il pasto principale della giornata, e comincia generalmente con un primo. Oggi è un' occasione speciale!

SIG.RA LENTINI: Ecco, Lisa, in tuo onore ho
15 preparato tortellini alla panna con prosciutto.

Lisa già assapora il piatto con gli occhi ... e che profumo! La signora Lentini serve un'abbondante porzione e Lisa mangia con
20 appetito, convinta che sta mangiando la

assapora tastes

portata principale del pasto. Finito il primo,
porta a tavola il secondo.

SIG.RA LENTINI: Per la tua prima cena ecco un
    piatto tipicamente italiano! Vitello
25   tonnato.

LISA: Vitello con tonno?

SIG.RA LENTINI: Infatti, è vitello con una salsa
    fatta di tonno.

    Lisa ne prende solo una fettina perché in   fettina *small slice*
30 realtà non le piace il vitello ed odia il pesce!

SIG.RA LENTINI: Prendine ancora. Non ti pia-   prendine *take some*
    ce? Lo mangiate negli Stati Uniti il
    vitello tonnato?

LISA: Sì, signora mangiamo il vitello, e
35   mangiamo il tonno, ma non insieme.   insieme *together*
    Io non ho più molta fame perchè
    generalmente non mangio tante
    portate, e poi sono un poco stanca.

    In quel momento un bel ragazzo biondo
40 entra nella sala da pranzo.

MICHELE: Buona sera a tutti. Ah, ecco la
    nostra americana. Benvenuta. Io sono
    Michele. *How are you?*

LISA: *Fine, thank you.* Parli inglese molto
45   bene.

MICHELE: Ma che hai fatto mamma? Hai
    preparato vitello tonnato! Sei pazza?   pazza *crazy*
    Non sai che negli Stati Uniti non si
    mangia molto il vitello e si preferisce
50   mangiare hamburgers e hot dogs?
    Povera Lisa ... datele tempo di abituar-   abituarsi *to get used*
    si prima di farle mangiare cose strane!   *to*
        farle *make her*

SIG.RA LENTINI: Non esagerare Michele. In   strane *strange*
    Italia non mangiamo cose strane.

55 MICHELE: Ah davvero? Allora le chiami
normale la porchetta ed il coniglio?

GIANNA: O la trippa e i calamari ...

MICHELE: ... e la cicoria e i fiori di zucchina ...

GIANNA: o le lumache !

60 SIG.RA LENTINI: Dai ragazzi, non fate impaurire questa povera ragazza già dal
primo giorno.

SIG. MARTIN: È vero che mangiamo alcune
cose strane, ma è anche vero che il
65 cibo italiano è ottimo. Vuol dire che
adesso che c'è Lisa cuciniamo cose
"normali".

SIG.RA LENTINIi: Allora Lisa, non mangiate
pesce a casa tua?

70 LISA: I miei genitori mangiano calamari,
pesce spada, aragosta, ed altro pesce,
ma io mangio solo i gamberi.

MICHELE: Non ti preoccupare Lisa! La cucina
italiana è molto varia. Piano piano, ti
75 abitui ai nostri pasti ed ai nostri orari.
Io intanto adoro la cucina americana,
e quando mamma cucina qualcosa che
non ti piace, io e te mangiamo un
hamburger.

80 È così che Lisa fa conoscenza di tutta la
famiglia Lentini. Inutile dire che la persona
da lei preferita è Michele. Lui la capisce,
parla inglese, adora tutto ciò che è americano
(Lisa adesso capisce perché come regalo per
85 Michele, Gianna ha suggerito la crema di
arachidi) ... ma lui è alto, bello ...   biondo ...
simpatico ... e ... proprio niente male!

---

davvero *really*

porchetta *suckling pig, a roman specialty*

fiori di zucchina *flowers from squash plants*

lumache *snails*

ottimo *great*

ti abitui *you will get used to*

intanto *meanwhile*

fa conoscenza *becomes acquainted*

inutile *useless*

crema di arachidi *peanut butter*

niente male *not bad*

ESERCIZI

A. Vero o Falso? Indica se ognuna delle seguenti frasi è vera o falsa. Se è falsa, dai la risposta corretta.

1. In Italia il pranzo generalmente comincia con un primo.
2. Il secondo è un piatto di tortellini alla panna.
3. Lisa ama il vitello tonnato.
4. Negli USA i gamberi sono l'unico pesce che Lisa mangia.
5. Michele non capisce l'inglese.
6. La trippa e le lumache sono specialità di cibo italiane.
7. Michele ama il cibo americano.
8. Gli americani non mangiano molte portate.
9. Gianna cucina un hamburger per l'amica.
10. La persona preferita di Lisa è Michele.

B. Scegli la risposta che meglio completa ogni frase.

1. Gianna sveglia Lisa perché è ora di
   (a) andare a scuola.
   (b) scendere a cenare.
   (c) conoscere Michele.

2. Lisa non mangia il vitello tonnato perché
   (a) lei ama il vitello.
   (b) lei non mangia il secondo.
   (c) lei odia il pesce.

3. Michele dice che la mamma è pazza perché
   (a) lei cucina cibo strano per la prima cena di Lisa.
   (b) lei mette pasta nel piatto di Lisa.
   (c) lei non parla inglese.

4. Lisa porta la crema di arachidi a Michele perché
   (a) è una specialità italiana.
   (b) Michele non mangia il cibo americano.
   (c) Michele ama il cibo americano.

5. La signora Lentini rassicura Lisa dicendo che
   (a) Lisa deve mangiare il vitello.
   (b) il cibo italiano è molto vario e buono.
   (c) mangiano il pesce ogni giorno.

C. **Qual è il tuo cibo preferito? Per ogni gruppo, indica il tuo cibo preferito.**

Esempio: Primo
  Come primo preferisco la minestra.

1. Primo
2. Secondo
3. Contorno
4. Dolce
5. Pesce
6. Carne
7. Frutta
8. Pasta
9. Legumi
10. Verdura

D. **Ti piace? Rispondi alle domande. Usa la forma corretta dell'articolo dimostrativo.**

Esempio: Ti piace questo tramezzino?
  Sì, mi piace quel tramezzino.
  (No, non mi piace quel tramezzino.)

1. Ti piace questo panino al prosciutto?
2. Ti piacciono queste ciliege?
3. Ti piace questa bistecca di manzo?
4. Ti piacciono queste patatine?
5. Ti piace questa marmellata?
6. Ti piace questo formaggino?
7. Ti piacciono queste uova?
8. Ti piace quest'acqua minerale frizzante?

E. **Dai il nome di tre cibi che tu odi. Scrivi frasi complete. Usa il dizionario italiano - inglese se non conosci il nome italiano del cibo che tu odi.**

Esempio: Io assolutamente odio la zucca (*squash*).

F. **Completa ogni frase in modo logico, con il nome di uno degli animali sotto elencati.**

il gatto	il cane	il piccione
le lumache	il tacchino	il coniglio
la mucca	la rana	la gallina

1. Negli Stati Uniti, per Thanksgiving, si mangia _____.
2. L'animale che è considerato l'amico dell'uomo è _____.
3. Sono una specialità gastronomica. Sono piccole e portano la loro casa sopra di loro. Sono _____.
4. È un piccolo animale bianco e soffice che salta. È _____.
5. Fa il latte, e ci dà il cibo più popolare americano.
6. È piccolo, e spesso vive nelle nostre case. L'animale che miagola è _____.
7. Si usa nelle classi di scienze naturali per vivisezionare.
8. Vola nel cielo, e mangia sulle mani dei turisti a Venezia.
9. È un uccello, fa le uova, e si mangia anche come secondo.

G. **Comprensione orale. Ascolta il passaggio, e trova la risposta più adatta ad ogni domanda.**

1. Perché Enrico non mangia la minestra?
   (a) Perché lui è malato.
   (b) Perché lui è stanco.
   (c) Perché lui non ha fame.

2. Perché Maria si rifiuta di mangiare il coniglio?
   (a) Perché lei è vegetariana.
   (b) Perché lei ha un coniglio domestico a casa.
   (c) Perché la signora non cucina bene.

3. Perché Franco trova Lisa molto simpatica?
   (a) Perché lei è americana.
   (b) Perché lei è bella.
   (c) Perché lei parla bene l'italiano.

4. Perché Enrico non si può abituare alla cucina americana?
   (a) Perché non c'è pasta a pranzo ogni giorno.
   (b) Perché odia i hot-dogs.
   (c) Perché non mangia la bistecca.

Capitolo 8

Il liceo Villa Sora

Lisa è in vacanza a Frascati, ma Gianna non è ancora in vacanza. Gianna fa il secondo liceo, ha ancora una settimana di scuola.

Il secondo liceo *10th grade*

L'indomani del suo arrivo, Lisa è stanchissima a causa del fuso orario. Lei dorme fino a mezzogiorno, e poi fa un pisolino anche sul tardi pomeriggio. Il giorno dopo però Lisa è in ottima forma, e va al liceo con Gianna.

indomani *day after*
a causa *because of*
fuso orario *jet lag*

ottima *great*

Per andare al liceo, le ragazze prendono l'autobus. Davanti al liceo molti studenti aspettano che suoni il campanello, e che si apra la porta. Molti di loro arrivano in motorino. « Molto carino » pensa Lisa.

motorino *moped*

GIANNA: Vieni, ti faccio conoscere due tipi molto simpatici. Roberto, questa è Lisa, la mia amica americana.

tipi *slang for guys*

ROBERTO: Ciao Lisa, tutto bene? Come la trovi l'Italia?

trovi *find*

LISA: Sì, va tutto bene, l'Italia è molto bella.

ROBERTO: Simone, ecco l'amica americana di Gianna.

SIMONE: Salve, purtroppo studio il tedesco e
non parlo l'inglese!

salve *hello*
purtroppo *unfortunately*

25 GIANNA: Non fa niente, Lisa parla molto
bene l'italiano!

ROBERTO: Io amo gli Stati Uniti, e tra qualche
anno vado a farmi un tour degli Stati
Uniti in autobus. Ho già tutte le infor-
30 mazioni e non è troppo caro.

SIMONE: I tuoi genitori hanno una grande
macchina americana?

LISA: Direi di sì, infatti è una macchina
americana.

infatti *as a matter of fact*

35 SIMONE: Forte però! Io adoro i film western,
con i cow-boys. Tu conosci il West? Ci
sono ancora i cow-boys?

forte *cool*

LISA: Veramente non lo so. Non conosco il
West, sono del Massachusetts.

40 ROBERTO: Ed il Grand Canyon? È davvero
bello come sulle foto?

davvero *really*

GIANNA: Dài, dobbiamo andare, la porta è
aperta e suona il campanello.

dobbiamo *we have to*
campanello *bell*

Lisa vede il bidello che apre le immense
45 porte di legno. È proprio impressionante.

bidello *custodian*
legno *wood*

GIANNA: Simone non è nella nostra classe, lo
rivediamo all'uscita della scuola.
Andiamo a bere un sorso insieme in
una paninoteca qui vicino.

uscita *exit*

50 LISA: Un sorso? Cos'è?

GIANNA: Qualcosa da bere. Una coca, una
limonata, un'aranciata.

qualcosa *something*

La prima classe di Gianna è una classe di
scienze naturali. Il laboratorio non è moder-
55 no come quello di Newton, ma è ben attrezzato. Guarda caso, la lezione di oggi è una

attrezzato *equipped*
guarda caso *coincidentally*

delle meno favorite di Lisa. Devono vivisezionare una piccola rana. A lei dispiace
perché ama gli animali, ed odia vederli usati
60 in laboratorio, anche se capisce che è essenziale per le ricerche scientifiche.

vivisezionare
to disect
rana *frog*

La classe di storia è difficile da capire
perché il professore parla troppo svelto, però
è una lezione di storia americana e Lisa
65 capisce qualcosa. Lisa nota che il professore
pronunzia alcune parole con un accento
terribile ... specialmente « Massachusetts.»

svelto *quickly*

parole *words*

Durante la classe di matematica, Lisa è
molto sorpresa quando scopre che in Italia
70 1,000 in inglese è 1.000 e che 8.5 in inglese è
8,5!... Ma la cosa più sorprendente è che la
divisione si fa totalmente diversa! Per
esempio, per dividere 4.510 per 31 bisogna
fare *4.510 /31* invece di *31)4,510*! Una confu-
75 sione da morire in matematica! Sono
veramente interessanti questi italiani.

scopre *discovers*

bisogna *one needs*
invece *instead*
morire *to die*

ESERCIZI

A.   **Vero o Falso? Indica se ognuna delle seguenti frasi è vera o falsa. Se è falsa, dai la risposta corretta.**

1.   Gianna è in vacanza.
2.   Gianna fa il terzo liceo.
3.   L'indomani del suo arrivo, Lisa va a scuola con Gianna.
4.   Molti studenti arrivano a scuola in motorino.
5.   Roberto studia l'inglese e Simone studia il tedesco.
6.   Roberto domanda se ci sono ancora i cow-boys nell'ovest degli Stati Uniti.
7.   Nel laboratorio di scienze naturali, la lezione di oggi è la vivisezione di una lumaca.
8.   La classe di storia è difficile da capire perché è una lezione di storia americana.

B.   **Scegli la risposta che meglio completa ogni frase.**

1.   L'indomani del suo arrivo, Lisa dorme fino tardi
     (a) perché lei non vuole andare a scuola con Gianna.
     (b) perché lei è molto stanca a causa del fuso orario.
     (c) perché lei è malata.

2.   Davanti al liceo ci sono molti studenti che
     (a) aspettano l'apertura delle porte.
     (b) arrivano a scuola tardi.
     (c) arrivano a scuola presto.

3.   Simone pensa che negli Stati Uniti ci sono
     (a) molte macchine italiane.
     (b) ancora i cow-boys come nei film western.
     (c) molte belle ragazze.

4.   Nella classe di matematica, Lisa impara che
     (a) otto per otto fa sessantaquattro.
     (b) 1,000 in inglese si scrive 1.000 in italiano.
     (c) la matematica è interessante in italiano.

C. **Forma una frase usando la forma corretta di in, nel, nella, nei, negli, o nelle.**

ESEMPIO: Il liceo è/centro
Il liceo è nel centro.

1. Lisa è /autobus
2. Roberto non è/classe di Lisa
3. I ragazzi sono /corridoi
4. Noi abitiamo/Stati Uniti
5. I vestiti sono/valigia
6. La macchina è/garage
7. Le classi sono/aule
8. Frascati è/Italia

D. **Usa la forma delle preposizioni che meglio completa ognuna delle frasi seguenti.**

ESEMPIO: Lisa abita _____ Newton.
Lisa abita a Newton

1. Lisa va _____ scuola con Gianna.
2. La vacanza _____ Lisa è molto interessante.
3. La scuola _____ ragazze è ____ centro.
4. Lisa viene _____ Newton, _____ Massachusetts.
5. Gianna va _____ scuola _____ due tipi simpatici.
6. Le ragazze prendono due autobus ____ andare ___ liceo.
7. La casa _____ Gianna è lontana _____ scuola.
8. _____ autobus ci sono molti studenti.

E. **Scegli la parola descritta da ognuna delle seguenti frasi.**

bidello	vivisezionare	salve	parole
fuso orario	vespa	tipo	

1. Un altro modo di dire ciao.
2. Quello che costituisce la parte più grande di una lingua.
3. Un modo colloquiale per dire ragazzo.
4. Una persona che lavora in una scuola e pulisce le classi.
5. Il cambiamento dell'ora quando si viaggia in Italia.
6. Tagliare un animale per studiare le parti in laboratorio.

F.   Usa l'articolo determinativo che va bene:

1. ____ liceo a Frascati si chiama Villa Sora.
2. ____ indomani del suo arrivo, Lisa è stanchissima.
3. ____ amico di Gianna è un tipo simpatico.
4. ____ studenti arrivano a scuola in motorino.
5. ____ classi di Gianna sono interessanti.
6. ____ italiani sono amichevoli con Lisa.
7. ____ lezione di oggi è sulla storia americana.
8. ____ ragazze vanno a prendere un sorso dopo scuola.
9. ____ bar italiano è come un ristorante americano.
10. ____ problema per Lisa è capire la matematica.
11. ____ amici di Gianna sono bravi.
12. ____ fratello di Gianna si chiama Michele.
13. ____ genitori non sono severi.
14. ____ sport non fanno parte del programma scolastico.
15. ____ bidelli aprono le immense porte la mattina.

G.   Discussione e composizione.

1. Immagina di essere uno studente in un liceo italiano. Quale lingua straniera studi? Perché?
2. Che cosa pensi dei regali che ha portato Lisa alla famiglia che la ospita? Che cosa porteresti tu?
3. Cosa pensi dei mezzi di trasporto che usano gli studenti in Italia per andare a scuola? Come vai a scuola tu?
4. Che reazione hai nel vedere la differenza tra l'uso dei numeri negli Stati Uniti ed in Italia? Puoi usare il metodo italiano per dividere 4.510÷31?

Capitolo 9

Lisa visita Roma

Lisa, Gianna e Michele vanno a Roma
per la giornata. Michele è studente univer-
sitario alla Sapienza di Roma, ma adesso è
in vacanza. In estate lavora in un ufficio
5　vicino a casa, ma oggi è sabato e lui porta le
due ragazze a Roma in macchina. Con la
macchina non può circolare nel centro storico della città. Alcune zone sono chiuse al
traffico non essenziale.

10　GIANNA:　Controlla la cartina Lisa. Vedi che
entriamo in città dal sud-est, dalla Via
Casilina, per Porta Maggiore.

LISA:　C'è una porta per entrare a Roma?

MICHELE:　Una volta, nel Medioevo c'erano
molte porte. Oggi non ci sono più,
restano solo i nomi delle porte come
15　Porta Pia, Porta Portese....

LISA:　Ah, ricordo Porta Portese nel mio libro. Abbiamo studiato del mercato
che c'è ogni domenica. E poi c'è la
canzone "Porta Portese ... Porta
20　Portese..."

La Sapienza *L'uni-*
versità di Roma

chiuse *closed*

cartina *map*

Medioevo *Middle*
Ages

ogni *every*
canzone *song*

51

MICHELE: Brava Lisa, conosci anche un po' di musica italiana.

conosci you know

25   LISA: Allora, con la Via Casilina arriviamo al Colosseo?

MICHELE: Beh, non esattamente. Arriviamo quasi a Piazza dei Cinquecento che è davanti alla stazione Termini. Da lì
30   prendiamo la Metro.

LISA: Andiamo anche a Piazza Navona?

MICHELE: Certo! Ma forse è meglio andare lì stasera. Di sera Piazza Navona è stupenda!

forse maybe
meglio better
stasera this evening

35   GIANNA: Già, e poi ci sono sempre tanti artisti. Sicuramente prendiamo un gelato al tartufo al famoso Bar Tre Scalini.

già indeed

tartufo a type of ice cream like our sundae

MICHELE: Io dico di andare in Metro fino al Colosseo, visitare il Colosseo e il Foro
40   Romano; poi fare una passeggiata fino al Campidoglio, la bellissima piazza di Michelangelo.

dico I say

LISA: Finalmente vedo il Colosseo!

Parcheggiano la macchina davanti alla
45 stazione Termini e prendono la Linea B della Metro. Dopo due fermate scendono al Colosseo.

scendono they get off

LISA: Che bello! È proprio magnifico!... E pensare che è qui da quasi duemila
50   anni. Entriamo?

quasi almost

Lisa resta a bocca aperta nel vedere questa famosa struttura. «Certo che i Romani sono stati grandi» pensa ad alta voce.

a bocca aperta speechless

sono stati were

MICHELE: Andiamo, c'è ancora molto da
55   vedere.

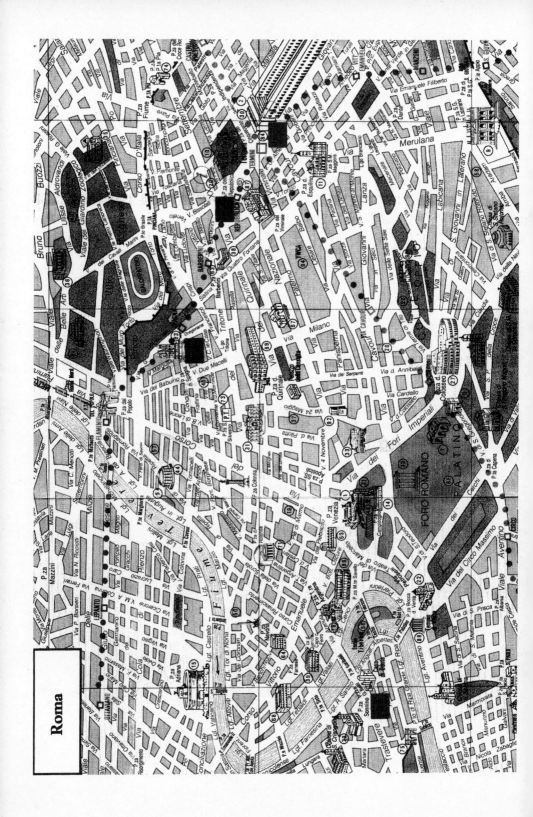

Roma

GIANNA: Guarda, quello è l'Arco di Tito
dove comincia il Foro Romano.

60 LISA: Andiamo, così possiamo entrare nel
Foro. Immagina quanto doveva
essere bello al tempo di Cesare!

doveva essere must
  have been

MICHELE: Che fame! Andiamo a prendere un
panino alla piazzetta di Via Cavour?
65 Sai, Lisa, la facoltà d'ingegneria della
mia università è proprio qui vicino e
conosco bene questa zona.

sai you know
facoltà d'ingegneria
  *engineering depart-
  ment*
proprio just

Sulla piazzetta di Via Cavour c'è un bar
con tavolini all'aperto, ci sono bancarelle di
70 frutta e verdura, c'è una signora che vende
fiori e Lisa nota anche molti negozi con belle
vetrine.

nota notices
vetrine store
  windows

GIANNA: Che belle scarpe Lisa, guarda!

75 LISA: Che vestiti stupendi ed anche a buon
prezzo. Entriamo?

MICHELE: Ah no, ragazze. Oggi niente compere; per i negozi potete ritornare da
sole! Adesso continuiamo la nostra
passeggiata verso Piazza Venezia.
Vedete la magnifica Colonna Traiana,
è ancora in ottime condizioni.

verso toward

La visita continua per Piazza Venezia.
Vedono il maestoso Altare della Patria con
la tomba al Milite Ignoto e salgono la bellissima scalinata verso Piazza del Campidoglio.
Dalla piazza c'è una splendida veduta di
Roma Antica. «Adesso mi sento veramente
a Roma» pensa Lisa con gioia.

maestoso majestic
Milite Ignoto
  Unknown Soldier
salgono they climb

mi sento I feel
gioia happiness

ESERCIZI

A. Vero o Falso? Indica se ognuna delle seguenti frasi è vera o falsa. Se è falsa, dai la risposta corretta.

1. Gli antichi romani sono stati "grandi".
2. La Casilina è una piazza romana.
3. Nel medioevo a Roma c'erano molte porte.
4. Secondo Gianna, Piazza Navona è più bella di giorno.
5. Il Campidoglio è una via di Roma.
6. Il Foro Romano comincia con l'Arco di Tito.
7. Michele ama fare compere.
8. A Piazza Venezia c'è l'Altare della Patria.

B. Scegli la risposta che meglio completa ogni frase.

1. Gli amici girano per Roma
   (a) in macchina.
   (b) in autobus.
   (c) con la Metro.

2. Michele conosce bene la zona di Via Cavour perché
   (a) lui lavora lì vicino.
   (b) visita spesso il Colosseo.
   (c) l'università che lui frequenta è lì vicino.

3. Lisa e Gianna ritornano a Roma durante la settimana
   (a) per visitare il Colosseo.
   (b) per fare compere.
   (c) per vedere la Colonna Traiana.

4. Il mercato all'aperto a Roma è
   (a) a Porta Pia.
   (b) a Porta Maggiore.
   (c) a Porta Portese.

5. Da Piazza del Campidoglio c'è una splendida veduta
   (a) di Piazza Venezia.
   (b) di Roma Antica.
   (c) di Piazza Navona.

C. **Rispondi in italiano.**

1. Quale scuola frequenta Michele?
2. Come si chiama una delle vecchie porte di Roma?
3. Quali sono tre piazze romane?
4. Come si chiama l'università di Roma?
5. Come si chiama la stazione ferroviaria di Roma?
6. Come si chiama il servizio locale del treno a Roma?
7. Che cosa vanno a mangiare al Bar Tre Scalini?
8. Dove mangiano i ragazzi?

D. **Trova queste espressioni nel dialogo e scrivile in italiano.**

1. The engineering department.
2. Not exactly.
3. To remain speechless.
4. Out loud.
5. Vegetable stands.
6. Know this area.
7. The tomb of the unknown soldier.
8. I feel that I am in Rome.

E. **Use the exclamation *che* ... to express the following .**

ESEMPIO: What a beautiful vacation!
    Che bella vacanza!

1. What a magnificent monument!
2. What a beautiful city!
3. What hunger!
4. What great outfits!
5. What a majestic structure.
6. What an ancient city!
7. What great people the Romans!
8. What a splendid view!
9. What delicious ice cream!
10. What beatiful shoes!

Capitolo 10

Ai grandi magazzini

È mercoledì e Lisa ritorna a Roma con Gianna. Lisa è eccitata. Le piace molto Roma ed è contenta di prendere il treno e poi la metro per arrivare in centro.

5 Le due ragazze prendono il treno alle 7 del mattino. Alle 8 sono alla Stazione Termini e prendono la Linea A della Metro per Piazza di Spagna.

LISA: È troppo presto per fare compere nei
10 negozi, ancora è tutto chiuso.

GIANNA: Non fa niente. Prima facciamo colazione.

Entrano in un bar e ordinano un cappuccino, un caffelatte e due cornetti.

15 LISA: Da che sono in Italia sto ingrassando. Colpa del pane e dei cornetti!

GIANNA: Ma no! Sei molto snella!

LISA: Ma guardami, i miei pantaloni sono troppo stretti.

20 GIANNA: Allora oggi a mezzogiono non pranziamo!

ancora *still*

Non fa niente *It doesn't matter*

cornetti *croissants*

Da che *since*
ingrassando *getting fat*
snella *slender*

stretti *tight*

59

Le linee della Metro prese da Lisa e Gianna

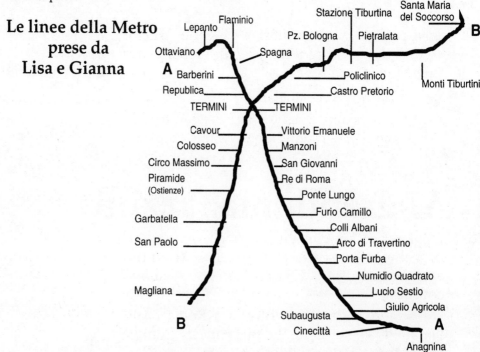

Mentre aspettano l'apertura dei negozi, Gianna e Lisa camminano e guardano le vetrine.

mentre while

vetrina store window

25 LISA: Guarda questi sandali! Favolosi! Ma il negozio è chiuso.

favolosi fabulous

GIANNA: Possiamo passare più tardi. Guarda, siamo su Via Condotti.

possiamo we can
più tardi later

LISA: Io ho poco più di 100,000 lire per me e
30 150,000 lire per comprare regali per la mia famiglia. E tu, quanti soldi hai?

poco più di a little more than

GIANNA: Ho circa 60,000 lire. Oh guarda un po' questo vestito rosso!

circa about

LISA: E quella camicia!

35 Alle nove e mezzo i negozi cominciano ad aprire. Le ragazze hanno camminato giù per Via Condotti ed a sinistra su Via del Corso. Adesso sono davanti alla Rinascente, un gran magazzino popolare a Roma che

giù down

gran magazzino department store

40   Lisa ricorda dai suoi libri d' italiano. (Lei è
      icura che il libro l'ha preparata bene per   sicura *sure*
      questo viaggio.)

LISA: Da dove cominciamo?   cominciamo *we begin*

GIANNA: Ascolta, perchè non facciamo tutti i

45   piani. Al pianterreno ci sono i reparti   pianterreno *ground*
            di profumeria e pelletteria. Al primo   *floor*
                                                        pelletteria *leather*
            piano c'è l'abbigliamento femminile.
            Al secondo piano c'è il reparto maschi-   reparto *department*
            le. Con calma vediamo un po' tutto.

50   Le due amiche visitano ogni reparto e
prendono la scala mobile da un piano   scala mobile *escalator*
all'altro. Dopo un paio d'ore Lisa ha
comprato una gonna per lei ed un paio   paio *pair*
d'orecchini per sua sorella. Gianna invece   orecchini *earrings*
55 ha comprato un paio di sandali. Sono
stanche morte ed hanno mal di piedi.

GIANNA: Andiamo a prendere qualcosa al
           bar? Possiamo andare da Giolitti qui
           vicino. Hanno del gelato di cioccolato
60   da morire!

LISA: Ottima idea! Non ce la faccio più a   Non ce la faccio più *I*
           camminare.   *can't stand it anymore*

       Al caffè Lisa e Gianna si siedono e
progettano il loro pomeriggio.

65 LISA: Io voglio decisamente ritornare a
           quella boutique in Via Condotti e
           provare quei sandali che abbiamo   provare *to try on*
           visto stamattina.

GIANNA: Possiamo ritornarci stasera quando
70   prendiamo la Metro. Vuoi andare
           verso Piazza del Popolo?   verso *toward*

LISA: Certo! Ti seguo, non sono più stanca.   Ti seguo *I'll follow you*

       Le ragazze camminano verso Piazza del
Popolo. Ogni tanto si fermano a guardare

75 qualche vetrina. Lisa nota che la moda italiana è davvero molto bella e molto nuova. I
modelli, i colori, la scelta, la qualità, tutto
sembra essere migliore.

    A Piazza del Popolo Lisa trova un vesti-
80 to estivo per lei ed una pipa per suo padre.
Gianna compra una bella camicetta di molti
colori. Nel pomeriggio prendono la Metro
da Flaminio, e ritornano a Piazza di Spagna
per comprare i sandali alla boutique di Via
85 Condotti. Verso le quattro e mezzo, sono
così stanche che decidono di fermarsi in un
bar vicino quando Lisa vede McDonald's.

LISA: Senti, non hai davvero fame tu?

GIANNA: Beh sì, veramente ho molta fame!

90 LISA: Guarda, c'è McDonald's, perché non
        andiamo lì, così vedo come sono i
        McDonald's in Italia.

    Nonostante la loro decisione di non
mangiare, vanno a prendere un hamburger
95 e delle patatine che divorano in pochi
minuti. Lisa si sta innamorando sempre più
della Città Eterna e capisce perché una breve
visita non basta per conoscere bene Roma.

nota notices
moda fashion
davvero truly
modelli styles
scelta choice
migliore better

verso around

nonostante despite

si sta innamorando
is falling in love
brève brief

ESERCIZI

A. **Vero o Falso? Indica se ognuna delle seguenti frasi è vera o falsa. Se è falsa, dai la risposta corretta.**

1. Lisa e Gianna ritornano a Roma in macchina mercoledì.
2. Per andare dalla Stazione Termini a Piazza di Spagna, prendono la linea B della metro.
3. I negozi sono chiusi perché loro arrivano troppo presto.
4. Per colazione Lisa e Gianna prendono pane con burro.
5. Lisa trova che in Italia sta ingrassando.
6. Le ragazze decidono di mangiare molto a mezzogiorno.
7. La Rinascente è una piccola boutique su Via del Corso.
8. Le ragazze vanno al bar Giolitti perché hanno fame.
9. Lisa nota che la moda italiana è bella e nuova.
10. Le ragazze pranzano in un fast food italiano.

B. **Scegli la risposta che meglio completa ogni frase.**

1. Le ragazze decidono di non mangiare il pranzo
   (a) perché non hanno fame.
   (b) perché il cibo non è buono.
   (c) perché pensano di ingrassare.

2. Lisa si sta innamorando sempre di più
   (a) di Michele.
   (b) di Roma.
   (c) di Frascati.

3. Ai negozi, Gianna compra
   (a) una pipa per suo padre.
   (b) dei bei sandali estivi.
   (c) una camicetta di molti colori.

4. Il pomeriggio per ritornare a Piazza di Spagna prendono
   (a) la metro da Flaminio.
   (b) la metro dalla Stazione Termini.
   (c) la metro dal colosseo.

5. Alla Rinascente vanno da un piano all'altro usando
   (a) l'ascensore.
   (b) la scala mobile.
   (c) la scala.

C. **Completa le frasi di sinistra con quelle di destra.**

1. Io pranzo	a. perché è molto antica.
2. Io ingrasso	b. come regalo per papà.
3. Io sono stanca	c. per comprare regali.
4. Io adoro la città	d. ai grandi magazzini.
5. Io compro la pipa	e. perché mangio cornetti.
6. Io faccio compere	f. perché ho molta fame.
	g. perché ho molti compiti.

D. **Usa la forma corretta del verbo essere o avere al presente. La frase deve essere logica.**

ESEMPIO: Noi/soldi da spendere
       Noi abbiamo soldi da spendere.

1. Lisa/molti regali da comprare.
2. Voi/molti compiti oggi.
3. Lisa e Gianna/amiche di corrispondenza.
4. Michele non/in città con le ragazze oggi.
5. Il bar Giolitti/del gelato al cioccolato.
6. Noi/a Roma in vacanza.
7. Io e la mia amica/tempo per visitare la Città Eterna.
8. Io/contentissima di essere a Roma.

E. **Forma una frase completa. Usa la forma corretta del verbo andare.**

ESEMPIO: Lisa/in Italia.
       Lisa va in Italia.

1. Noi/a scuola ogni giorno.
2. Gianna/in città con la sua amica.
3. I loro genitori/a lavorare.
4. Tu e Lisa/a Frascati in treno.
5. Io e Simone/al liceo in motorino.
6. Io non/ai negozi di Roma.
7. Io/a casa in autobus dopo scuola.
8. Loro /in vacanza in estate.

F.   Forma frasi complete. Usa la forma corretta del verbo fare.

ESEMPIO: Io e mamma/compere insieme
Io e mamma facciamo compere insieme.

1. Prima di andare in Italia, io/la valigia
2. In estate, io e la mia famiglia /un viaggio
3. A scuola gli studenti/molti sport
4. Quando non capisco,/una domanda
5. Noi/attenzione in classe perché siamo diligenti
6. Il cibo della caffetteria/schifo

G.   Forma frasi complete. Usa la forma corretta del verbo volere.

ESEMPIO: Io/la caramella che mi piace tanto
Io voglio la caramella che mi piace tanto.

1. Noi/andare in vacanza con gli amici.
2. Lisa /visitare Gianna in Italia.
3. Michele e Lisa/mangiare cibo americano.
4. Tu e la tua amica/fare compere nelle boutique.
5. Io /studiare l'italiano.
6. Tu non/ingrassare.

H.   Discussione. Rispondi in italiano.

1. Come si chiamano le linee della metro a Roma?
2. Che cos'è la Rinascente?
3. Vicino a quale piazza è Via Condotti?
4. Vicino a quale fermata della Metro è Piazza del Popolo?
5. Quale ristorante americano c'è in Piazza di Spagna?
6. Che cosa pensi della moda italiana?

Capitolo 11

L'ultimo treno

A Piazza di Spagna le ragazze si riposano per un poco, sedute sulla bella scalinata e guardano il via vai della gente.

via vai *coming and going*

GIANNA: Vuoi ritornare su Via Condotti e
5   Via Frattina e guardare altre vetrine?

LISA: Per me va benissimo. Non mi stanco mai di passeggiare per queste strade!

GIANNA: Sai, questa piazza si chiama così perché una volta c'era l'ambasciata
10   spagnola qui. Pensa che in cima c'è la chiesa francese di Trinità dei Monti. E là sulla sinistra c'è la casa di Lord Byron, il poeta inglese che ha vissuto a Roma per tanti anni. È una piazza
15   molto "internazionale", non ti pare?

sai *you know*

una volta c'era *once there was*

in cima *at the top*

ha vissuto *lived*

non ti pare *don't you think*

LISA: E della fontana che cosa mi racconti?

racconti *tell me*

GIANNA: Ah, la fontana, come vedi, ha la forma di una barca, è chiamata La Barcaccia ed è del Bernini.

barca *boat*

20 LISA: Incredibile. Sembra che ogni angolo di Roma ed ogni piazza hanno la loro storia!

ogni angolo *every corner*

67

LISA: A che ora dobbiamo tornare a casa?

GIANNA: Abbiamo una scelta, possiamo
prendere il treno delle 18:30 o quello
delle 20 per Frascati.

scelta *choice*

LISA: Per me è uguale. Tu che ne dici?

che ne dici
what do you think

GIANNA: Io dico di goderci questo bel pomeriggio e prendere il treno delle 20.

goderci *enjoy*

LISA: Per me va benissimo! Andiamo!

Le ragazze continuano la loro passeggiata
per le strade romane. Salgono la scalinata
fino in cima, alla chiesa. Entrano nei viali di
Villa Borghese, il grande giardino publico
della città. Lisa ammira tutto con grande
interesse. Vede tanti nomi che lei ricorda dai
suoi libri d'italiano, Via Sistina, Via del
Tritone, Piazza Barberini ....

salgono *climb*

viali *paths*

ricorda *remembers*

GIANNA: Vuoi andare al cinema?

LISA: Certo, ma abbiamo tempo?

certo *sure*

GIANNA: Sì, perché c'è anche un treno alle 22.

LISA: E non dobbiamo telefonare a tua
madre?

dobbiamo *we have to*

Gianna entra in una cabina e subito telefona alla mamma. È tanto facile usare la cartina telefonica per i telefoni publici in Italia.
Basta solo ricordare di tagliare l'angolo prima
di usarla la prima volta!

cartina telefonica
phone card
ricordare *to remem-
ber*
tagliare l'angolo
to tear the corner

GIANNA: Mamma è d'accordo. Michele viene
a prenderci alla stazione di Frascati alle 23. Ecco qui all'angolo di Via Barberini c'è un cinema che dà il film di
Benigni: *La vita è bella*. Lo conosci?

È d'accordo *agrees*

all'angolo
at the corner

Lo conosci? *do you
know him?*

LISA: Ne ho sentito parlare, ma non l'ho
visto a Boston. Entriamo!

Le ragazze entrano e trovano due posti
nella sala. Il cinema è molto comodo.

comodo *comfortable*

Il film è interessante e Lisa capisce molto
perché conosce il soggetto dell'Olocausto.
60 Escono dal cinema alle 9:30 molto
commosse.

GIANNA: Benissimo, siamo in anticipo. Il
        treno è alle 22. Guarda l'orario su
        quel tabellone. A che ora è il treno?

65 LISA: Aspetta, le 10 sono le 22 vero?

GIANNA: Esatto, 22 per Frascati, non vedo
        niente.

LISA: Ce n'è uno alle 18 e 30, uno alle
        20 ... ma non vedo niente per le 22.

70 GIANNA: Vado a domandare all'impiegato.
        Gianna va alla biglietteria e parla con
        un uomo.

GIANNA: Scusi, Signore, il treno delle 22 per
        Frascati, non è sul tabellone?

75 IMPIEGATO: Ah, Signorina, quel treno è stato
        sospeso per i mesi estivi.

GIANNA: Sospeso! Ma allora, a che ora è il
        prossimo treno?

IMPIEGATO: Alle sei domani mattina.

80 GIANNA: Lisa, Lisa, che disastro! Non c'è più
        quel treno! Che cosa facciamo adesso?

LISA: Niente treno! Perdute per Roma!!
        Che forza! È proprio da ridere!

GIANNA: Trovi!? Io no! Oddio, e adesso che
85   facciamo?

anticipo *early*
orario *schedule*

tabellone *board*

aspetta *wait*

sospeso *cancelled*

prossimo *next*

Che forza! *Imagine
that!*
È ... da ridere*That's
really funny*
Oddio *Oh my god*

ESERCIZI

A. **Vero o Falso? Indica se ognuna delle seguenti frasi è vera o falsa. Se è falsa, dai la risposta corretta.**

1. Le due ragazze ritornano a Roma per visitare il Colosseo.
2. Lisa è stanca di girare per Roma.
3. Trinità dei Monti è in cima alla scalinata di Piazza di Spagna
4. Il poeta inglese Lord Byron ha vissuto a Roma.
5. La Barcaccia è un negozio in Piazza di Spagna.
6. Il grande giardino publico romano è Villa Borghese.
7. Lisa va a comprare libri su Via Barberini.
8. Le ragazze decidono di andare al treatro di Via Sistina.
9. Benigni è un regista italiano.
10. Per sfortuna non c'è più il treno delle 22 per Frascati.

B. **Scegli la risposta che meglio completa ogni frase:**

1. Le ragazze ritornano in Via Condotti
   (a) per conoscere le strade di Roma.
   (b) per passeggiare per Roma e guardare le vetrine.
   (c) per incontrare il fratello di Gianna.

2. Piazza di Spagna è chiamata così perché
   (a) una volta, lì c'era l'ambasciata spagnola.
   (b) c'è una chiesa spagnola nella piazza.
   (c) un poeta spagnolo ha vissuto nella piazza.

3. Prima di andare al cinema le due ragazze
   (a) mangiano in un ristorante di Via Barberini.
   (b) telefonano a casa.
   (c) coprano i biglietti per il treno.

4. Alla biglietteria Gianna scopre che
   (a) il fratello viene a prenderle a Roma
   (b) il treno delle 22 è appena partito.
   (c) il treno delle 22 è stato sospeso per l'estate.

C. Trova l'ora equivalente sulla colonna a destra.

ESEMPIO: Le diciotto?
      Sono le sei di sera.

1. Le ventidue?	a. Sono le sette di sera.
2. Le tredici?	b. Sono le due del pomeriggio.
3. Le ventuno?	c. Sono le nove di sera.
4. Le quindici?	d. Sono le dieci di sera.
5. Le diciassette?	e. Sono le quattro del pomeriggio.
6. Le diciannove?	f. Sono le cinque del pomeriggio.
7. Le quattordici?	g. Sono le undici e mezzo di sera.
8. Le ventitrè e mezzo?	h. È l'una del pomeriggio.
	i. Sono le tre del pomeriggio.

D. Fai la domanda seguendo l'esempio. Usa quel, quell', quella, quei, quegli o quelle.

ESEMPIO: Guarda questo treno.
      Quel treno?

1. Guarda questa farfalla.
2. Guarda queste vetrine.
3. Guarda quest'orologio.
4. Guarda questi ragazzi.
5. Guarda questi ombrelli.
6. Guarda quest'anello.
7. Guarda questo zaino.
8. Guarda questo vestito.

E. Che cos'è? Secondo la descrizione scrivi la risposta.
ESEMPIO: Dà un film.
      È un cinema.

1. Una persona che lavora in un ufficio.
2. Dove arrivano e partono i treni.
3. Espone oggetti in un negozio.
4. Dà l'orario dei treni.
5. È usata per fare una telefonata da un telefono publico.

**F. Comprensione orale. Ascolta il passaggio, e trova la risposta
   più adatta ad ogni domanda.**

1. A Che ora arriva a Chicago l'aereo?
   (a) Alle 9 e mezzo di mattina.
   (b) Alle 5 del pomeriggio.
   (c) Alle 9 e mezzo di sera.

2. Perché guarda le vetrine mia sorella?
   (a) Lei non ha soldi, è al verde.
   (b) Lei ama fare le compere.
   (c) Lei compra molte cose.

3. Perché Piero non capisce niente al cinema?
   (a) Gli attori parlano molto velocemente.
   (b) Il film è in italiano.
   (c) Il film è in spagnolo.

4. Perché bisogna prendere l'aereo delle 19 e 30?
   (a) L'aereo delle 18 è in ritardo.
   (b) L'aereo delle 18 è sospeso.
   (c) L'aereo delle 18 è pieno.

5. Dove compri il biglietto per prendere l'autobus?
   (a) Sull'autobus dal bigliettaio.
   (b) Alla biglietteria, prima di prendere l'autobus.
   (c) All'edicola vicino casa.

Capitolo 12

Ancora a Roma

Lisa e Gianna sono tutte sole alla stazione Termini, e sono le 10 di sera. Telefonano a casa a Frascati. Il padre risponde.

SIG. LENTINI: Pronto?

5 GIANNA: Papà, ciao, sono io, ho un problema.

SIG. LENTINI: Dove siete?

GIANNA: Siamo a Roma papà, ma non ci sono più treni stasera. Il treno delle 22 è stato sospeso per l'estate!

10 SIG. LENTINI: Capisco, niente treni ... aspetta che chiamo tua madre. Cara, vieni qui, è Gianna, prendi il telefono.

GIANNA: Mamma? Mamma, non ci sono più treni stasera! Il prossimo è domani mattina alle sei. Che facciamo?

15 SIG. LENTINI: Posso andare a prenderle io.

SIG.RA LENTINI: A meno che ... sì, potete andare a dormire da zia Caterina.

SIG. LENTINI: Ottima idea. Gianna chiama zia Caterina, raccontale la situazione e

20

più anymore
è stato it was

Vieni qui come here

il prossimo the next

prenderle get them

a meno che unless
potete you can

ottima great
raccontale tell her

chiedi se potete dormire da lei stasera.
Il suo numero è 60 52 532.

Mentre fa il numero, Gianna spiega a
Lisa che zia Caterina è una sorella di mam-
25 ma che abita a Trastevere, vicino al Vaticano.
Fortunatamente la zia è in casa e invita subi-
to le ragazze a passare la notte da lei. E così
Gianna e Lisa passano due giorni a Roma!

Zia Caterina ha un appartamento bellis-
30 simo sul Lungotevere. Le sue figlie sono in
vacanza, così Lisa e Gianna possono dormire
nella loro camera da letto. Le ragazze sono
stanchissime e dormono fino mezzogiorno.

ZIA CATERINA: Alzatevi dormiglione, è quasi
35   mezzogiorno, volete fare colazione?

Lisa crede di sognare. Entrando in cucina
sente un odore che riconosce. Un odore che
le ricorda Newton, i week-end ... ma che
odore è? Ma si, è l'odore delle uova con la
40 pancetta!

GIANNA: Oh, zia come sei gentile! Ci hai pre-
      parato una colazione all'americana!
      Le uova con la pancetta.
LISA: Allora non è stato un sogno! Le uova
45   con la pancetta!
ZIA CATERINA: E perché? Ma sapete che questa
      non è mica una prima colazione, è
      mezzogiorno, quindi è un "lunch"!

Dopo colazione le due ragazze ringra-
50 ziano zia Caterina e decidono di passeggiare
un po' per Roma prima di prendere il treno
per Frascati.

GIANNA: Visto che abbiamo tempo, possiamo
      fare due passi sul Lungotevere e vede-
55   re l'isola Tiberina.

spiega explains

passare to spend

*Lungotevere along-
side the Tiber river*

Alzatevi Get up
*dormiglione sleepy
heads*
quasi almost
sognare dream
sente un odore smells
riconosce recognizes
ricorda reminds
pancetta bacon

gentile kind

*non è mica is not
really*

*fare due passi to
take a walk*

LISA: E che c'è lì?

GIANNA: Un ospedale, il Fatebenefratelli e
delle case caratteristiche.

60 E così le ragazze passano un'altra mattinata per Roma. Nei negozi vicino alla stazione Lisa trova una borsa rossa carina per
l'altra sua sorella e un foulard per lei.
Prendono il treno delle 15 per Frascati e
ammirano i loro acquisti.

trova *finds*

foulard *scarf*

acquisti *purchases*

65 LISA: Porca miseria! Mi restano solamente
50,000 lire!

porca miseria *holy
cow*

GIANNA: Vero, ma guarda quanti regali hai
comprato! Inoltre hai una gonna, un
vestito e un foulard per te!

inoltre *furthermore*

70 LISA: E i sandali? I sandali di via Condotti?

GIANNA: E va bene, dobbiamo ritornare.
Roma non è poi tanto lontana!

dobbiamo *we must*

ESERCIZI

A. **Vero o Falso? Indica se ognuna delle seguenti frasi è vera o falsa. Se è falsa, dai la risposta corretta.**

1. Gianna telefona a Frascati per dire ai genitori a che ora arrivano.
2. Il papà dice di poter andare a Roma a prendere le ragazze.
3. Caterina è una zia di Gianna.
4. Caterina abita in un appartamento al Vaticano.
5. L'indomani mattina mangiano le uova fritte per colazione.
6. Le due ragazze vanno all'isola Tiberina a fare acquisti.
7. Termini è la stazione centrale dei treni a Roma.
8. Lisa compra un foulard per sua sorella e una borsa per lei.

B. **Scegli la risposta che meglio completa ogni frase.**

1. Gianna e Lisa non sanno cosa fare perché
   (a) hanno finito i soldi.
   (b) hanno perduto il treno delle 22.
   (c) non c'è più un treno alle 22.

2. Telefonano a Caterina
   (a) perché è una buona cuoca.
   (b) per andare a dormire da lei.
   (c) per invitarla a fare acquisti con loro.

3. L'indomani mattina, quando si sveglia, Lisa pensa
   (a) di uscire molto presto.
   (b) di sognare.
   (c) di essere a casa di Gianna.

4. Le due ragazze decidono di ritornare a Roma
   (a) per visitare il Pantheon.
   (b) per mangiare ancora uova e pancetta.
   (c) per fare altre compere.

5. Il Fatebenefratelli è
   (a) un ristorante.
   (b) un ospedale.
   (c) un monumento.

C. **Rispondi alle domande usando i pronomi indiretti le o gli.**

ESEMPIO: Tu parli a Gianna
        Sì, le parlo.

1. Tu telefoni a tua madre?
2. Tu rispondi a Caterina?
3. Tu scrivi a tuo nonno?
4. Tu spieghi alla tua amica?
5. Tu racconti a tuo padre?

D. **Rispondi alle domande dell'esercizio C al negativo.**

ESEMPIO: Tu parli a Gianna?
        No, non le parlo.

E. **Imperativo. Rispondi seguendo il modello e usando le o gli alla fine dell'imperativo.**

ESEMPIO: Posso parlare con mamma?
        Sì, parlale!

1. Posso telefonare a mio padre?
2. Posso parlare con Marcello?
3. Posso spiegare a Gianna?
4. Posso domandare a mamma?
5. Posso rispondere a zia?
6. Posso scrivere al professore?

F. **Imperativo negativo. Traduci.**

ESEMPIO: Don't eat everything!
        Non mangiare tutto!

1. Don't smoke!
2. Don't walk alone!
3. Don't open the door!
4. Don't take the train!
5. Don't spend too much!

G. **Rispondi a ogni domanda con le preposizioni da, dalla, dal, dall', dallo, dagli, dai, dalle.**

ESEMPIO: Da dove viene Marco? (il ristorante)
Marco viene dal ristorante.

1. Da dove vengono gli studenti? (la scuola)
2. Da dove vieni? (il caffè)
3. Da dove viene Simone? (l'Italia)
4. Da dove viene Lisa? (gli Stati Uniti)
5. Da dove viene Nicolò? (Firenze)
6. Da dove vengono le ragazze? (i negozi)
7. Da dove viene Andrea? (lo stadio)
8. Da dove venite? (le isole Eolie)
9. Da dove vengono loro? (il supermercato)
10. Da dove viene Michele? (l'università)

Capitolo 13

Una frittata

Lisa è a Frascati da settimane e comincia
ad abituarsi al cibo italiano. Qualche volta,
lei aiuta Gianna e la mamma a cucinare.
Quando cucinano qualcosa di molto buono,
5 lei copia la ricetta su un quaderno rosso così
può cucinare i suoi piatti preferiti quando
ritorna negli Stati Uniti. Stasera, con Gianna, prepara una bella frittata.

SIG.RA LENTINI: È come la "omelet" ameri-
10   cana, con molte molte più possibilità.
LISA: Da noi le omelet si mangiano per
        prima colazione. Anche la frittata?
GIANNA: Beh no. Generalmente si mangia la
        sera o a mezzogiorno.
15 LISA: Bene, allora io copio la ricetta e tu fai
        la frittata.
GIANNA: Tieni, ecco la ricetta, ma sai che la
        puoi cambiare come vuoi tu!

Lisa copia la ricetta: 50 grammi di burro,
20 100 grammi di cipolla tritata, 4 uova sbattute, un mazzetto di basilico ben tritato, 150

abituarsi *get used to*

copia *copies*
ricetta *recipe*

cambiare *to change*

grammi *grams*
tritata *chopped*
sbattute *beaten*
mazzetto *bunch*

81

grammi di parmigiano reggiano, un pizzico
di sale ....

    GIANNA: Ecco Lisa, rompi le uova, sbattile
25   ben bene e aggiungi il formaggio, il
        sale ed il basilico.

    LISA: Sbatto tutto insieme?

    GIANNA: Certo. Sai c'è un'espressione in itali-
        ano "Fare una frittata" che vuol dire
30   sbagliare, creare un caos.

    LISA: Fantastico. Senti, possiamo fare la frit-
        tata con le patate?

    GIANNA: Certo. Devi prendere un paio di
        patate, pelarle e poi tagliarle a fette
35   molto sottili.

    LISA: Sì, signor cuoca!

    GIANNA: Certo che il tuo italiano migliora di
        giorno in giorno.

    Le uova sono pronte e Gianna mette una
40 padella sul fornello. Scioglie un po' di burro.

    GIANNA: Metti le cipolle e falle indorare ma
        attenzione a non bruciarle.

    Lisa è occupata a preparare le patate e
intanto Gianna parla di tante varietà di frit-
45 tate: con gli asparagi, ai funghi, con la ricotta,
con i carciofini, alla pancetta, e con le patate.

    GIANNA: Versa le uova sulle cipolle e lasciale
        rassodare un po'. Poi aggiungi le pata-
        te. Attenzione, copri la padella con un
50   coperchio.

    LISA: È molto facile fare una frittata!

    GIANNA: È vero che molti americani pensano
        che la cucina italiana sia complicata?

    LISA: Infatti, è vero. Solo perchè il cibo itali-
55   ano è buono, pensiamo che sia difficile
        prepararlo.

Glossario (margine):

pizzico *pinch*

rompi *break*
sbattile *beat them*
aggiungi *add*

sbagliare *to make a mistake*

pelarle *peel them*
tagliarle *cut them*

migliora *improves*

padella *frying pan*
scioglie *melt*
falle indorare *brown them*

intanto *meanwhile*

carciofini *artichokes*

versa *pours*
rassodare *set*
copri *cover*
coperchio *cover*

sia *is*

Mentre le due ragazze chiacchierano, Gianna controlla se la frittata è pronta o no.

pronta *ready*

Quando è soddisfatta che il fondo della frit-
60   tata è cotto e la parte superiore non è più liquida, Gianna fa scivolare la frittata dalla padella in un grande piatto. Poi copre il piat-to con la padella e capovolge il piatto così che la frittata è di nuovo in padella ma
65   dall'altro lato.

fondo *bottom*
superiore *on top*
scivolare *to slide*

capovolge *turn over*

lato *side*

GIANNA: Adesso facciamo indorare il fondo della frittata ed ecco fatto, il nostro piatto è pronto.

indorare *golden*

ecco fatto *all done*

LISA: Rivoltare la frittata così non è tanto
70   facile.

rivoltare *to turn*

GIANNA: È vero, però con un poco di pratica ce la fai.

pratica *practice*

Lisa scrive nel suo quaderno tutti i buoni consigli di Gianna. Vuole essere certa
75   che al suo ritorno a Newton può cucinare questa specialità per la sua famiglia.

consigli *advice*

GIANNA: Se non sei brava a rivoltare la frit-tata ... fai una vera frittata e tutto va a finire sul pavimento!!

fai una vera frittata
   you make a real mess
va a finire *will end up*
pavimento *floor*

80   SIG.RA LENTINI:: Brave ragazze! Che bella frit-tata! La mangiamo stasera a cena. Lisa, con un poco di pratica diventerai una eccellente cuoca italiana!

diventerai *you'll become*

ESERCIZI

A.   **Vero o Falso? Indica se ognuna delle seguenti frasi è vera o falsa. Se è falsa, dai la risposta corretta.**

1. Lisa si è abituata al cibo italiano.
2. Lisa ha comprato un libro di ricette e scrive appunti.
3. In Italia mangiano la frittata per prima colazione.
4. Per fare la frittata si usano uova, burro e formaggio.
5. Per fare la frittata si usa una pentola.
6. La frittata rassomiglia alle pancakes americane.
7. Lisa vuole fare la frittata per la sua famiglia a Newton.
8. La mamma di Gianna dice che mangeranno la frittata per prima colazione.
9. Gianna fa cadere la frittata per terra.
10. Lisa pensa che è difficile preparare il cibo italiano.

B.   **Scegli la risposta che meglio completa ogni frase.**

1. "Fare una frittata" in italiano vuol dire
   (a) fare qualcosa molto molto bene.
   (b) fare disordine.
   (c) preparare la cena.

2. Lisa scrive le ricette perché
   (a) vuole imparare a cucinare all'italiana.
   (b) non le piace la cucina della signora Lentini.
   (c) cucina dei piatti americani con Gianna.

3. I due ingredienti principali della frittata sono
   (a) funghi e patate.
   (b) padella e coperchio.
   (c) uova e formaggio.

4. Per rivoltare la frittata, Gianna usa
   (a) una forchetta molto grande.
   (b) un piatto.
   (c) un cucchiaio.

C. **I cibi. Completa ogni frase con la scelta di uno dei seguenti cibi. Fai attenzione al partitivo.**

il burro   il formaggio   il latte
le verdure   la lattuga   le uova
il ghiaccio   la pasta   lo zucchero

ESEMPIO: Nel panino metto **del** prosciutto.

1. Nel caffè metto _____.
2. Nella frittata metto _____.
3. Nell'insalata metto _____.
4. Nel minestrone metto _____.
5. Sul pane metto _____.
6. Sugli spaghetti metto _____.
7. Nel cappuccino metto _____.
8. Nella bibita metto _____.

D. **Scegli l'oggetto sulla destra che corrisponde con la descrizione sulla sinistra:**

1. un caffè con latte a schiuma
2. lavora in cucina
3. le istruzioni per cucinare un cibo
4. copre la padella
5. il pasto del mattino
6. il pasto di mezzogiorno
7. il pasto della sera
8. un paio
9. una parte della cucina economica
10. un modo italiano di cucinare le uova con formaggio e burro
11. un cibo molto popolare negli Stati Uniti che non c'è in Italia
12. un condimento bianco che si mette sopra il cibo
13. un bulbo bianco che si usa per cucinare e fa venire le lacrime agli occhi.

a. una cipolla
b. due
c. una frittata
d. il cappuccino
e. un coperchio
f. il sale
g. la prima colazione
h. una ricetta
i. il pranzo
l. la crema di arachidi
m. la cena
n. un fornello
o. un cuoco

E. **Chiedi a mamma se puoi fare le seguenti attività, adesso.**

ESEMPIO: studiare

Mamma, posso studiare adesso?

1. uscire con gli amici
2. andare al cinema
3. pulire la mia camera da letto
4. avere dei soldi
5. parlare al telefono
6. andare ai negozi
7. guardare la televisione
8. mangiare cioccolatini
9. fare i compiti
10. andare al parco

F. **Composizione. Tu inviti degli amici a cena, e prepari una frittata. Scrivi una composizione o un dialogo. Includi chi inviti, che cosa si mangia, gli ingredienti che occorrono e cosa pensi della frittata.**

Capitolo 14

Si parte per la Calabria

Lisa è in Italia da un mese e due settimane; si sente a suo agio a Frascati. Lei non
scrive spesso alla sua famiglia perchè è un
poco pigra. Suo padre telefona ogni settima-
5 na, ma adesso non si preoccupa più.

si sente a suo agio
feels comfortable

pigra *lazy*

adesso *now*

I signori Lentini vogliono far conoscere
l'Italia a Lisa, e decidono di andare al Sud, in
Calabria. Vanno a Soverato, la cittadina
dove abitano i genitori del signor Lentini.
10 Lisa è eccitata di partire con Gianna, ma le
dispiace lasciare Michele. Michele deve
lavorare, e non può lasciare il lavoro per
quindici giorni.

Calabria *a region of
Italy*

eccitata *excited*

lasciare *to leave*

SIG. LENTINI: Andiamo a visitare la Calabria!
15 Ragazze, domani mattina ci svegliamo alle cinque di mattina. Partiamo
alle sei e mezza.

ci svegliamo *we wake
up*

LISA: Alle cinque di mattina?

SIG. LENTINI: Vedrai Lisa, che il viaggio ne
20 vale la pena. Le spiagge sono stupen-
de! L'acqua è limpida, di un blu bril-
lante, e non ti dico che sabbia bianca!

vedrai *you will see*

sabbia *sand*

GIANNA: Papà è sempre così! Quando andiamo in vacanza partiamo sempre alle
25   cinque di mattina! Le sei e mezza è tardi per lui.

SIG. LENTINI: Devi capire, Lisa, che a quell'ora
non c'è nessuno sulla strada, e possiamo andare sull'autostrada senza tro-
30   vare ingorghi. Poi, conosco un ristorante favoloso a Napoli che fa degli
spaghetti alle vongole eccezionali ....

    È così che l'indomani, alle sei e mezza in
punto, Lisa, Gianna ed i suoi genitori parto-
35 no da Frascati, prendono l'Autostrada del
Sole, e si dirigono verso il Sud. Le ragazze
hanno la cartina stradale, e seguono le strade
che fa il signor Lentini. Per colazione si
fermano ad un piccolo bar pieno di operai
40 che vanno al lavoro, e prendono un caffè e
dei cornetti. Alle dieci sono quasi a Napoli.
In lontananza, si vede il Vesuvio.

LISA: Incredibile! Siamo già a Napoli. Si guida molto velocemente sulle autostra-
45   de italiane!
GIANNA: Sull'autostrada, il limite di velocità
è di 130 Km all'ora.
LISA: Sai quante miglia sono 130 Km?
SIG. LENTINI: Sono 80 miglia.
50 LISA: Incredibile! Negli Stati Uniti il limite
di velocità è di 55 miglia, al massimo
65 su alcune autostrade.
SIG. LENTINI: Sì, è vero, è tra i 90 e i 100 Km
all'ora, ma senza dubbio ci sono meno
55   incidenti.
LISA: Veramente non so dire, perchè ci sono
molti incidenti stradali anche da noi.
SIG. LENTINI: Visto che siamo qui di buon'ora,
andiamo a visitare Pompei?

----

sempre *always*

devi *you must*
nessuno *no one*

ingorghi *traffic jams*

indomani *following day*

si dirigono *go toward*
cartina stradale *road map*

si fermano *they stop*
pieno *full*

si guida *one drives*
autostrade *highways*

alcune *some*

senza dubbio *without a doubt*

di buon'ora *early*

60   LISA: L'antica città romana che è stata dis-
            trutta dal Vesuvio?   distrutta *destroyed*

     GIANNA: Esatto, proprio quella.   proprio *just*

     LISA: Io vorrei davvero vederla.

     SIG.RA Lentini: Intanto, è mezzoggiorno, e   intanto *meanwhile*
65   pranziamo al ristorante che ama papà.

        Escono dall'autostrada, e vanno agli
     scavi di Pompei. Lisa è sorpresa nel vedere   scavi *excavations*
     che molti oggetti e affreschi sono rimasti in   affreschi *frescos*
     ottime condizioni. Camminano per le pic-   ottime *excellent*
70   cole strade fatte in pietra, visitano molte case pietra *stone*
     con un cortile centrale. All'entrata di una   cortile *atrium*
     vedono il famoso mosaico "Cane Cavem".   cane cavem *beware of*
     Vedono anche gli antichi negozi e vedono i   *the dog*
     resti di gesso delle persone seppellite dalle   resti *remains*
75   ceneri.   seppellite *buried*
                                                     ceneri *ashes*
     LISA: Certo che l'Italia è ricca di patrimoni
            culturali! È difficile credere che una   credere *to believe*
            nazione così piccola contenga tanta   contenga *holds*
            storia della nostra civilizzazione.

80 SIG. LENTINI: In effetti c'è tanta storia in Italia.   in effetti *in fact*
Adesso andiamo a pranzo!

Appena usciti da Pompei, vanno in un   appena *as soon as*
piccolo ristorante lì vicino. I signori Lentini
prendono gli spaghetti alle vongole e una
85 frittura di pesce, Lisa e Gianna prendono   frittura *fried*
una pizza margherita e una con le acciughe.   acciughe *anchovies*

GIANNA: Sai Lisa, la pizza è una specialità di
Napoli. È qui che è originata.

LISA: Perchè si chiama Margherita?

90 SIG. LENTINI: Perchè è stata chiamata in onore
della regina Margherita che ha intro-   regina *queen*
dotto la pizza alla corte di Napoli. Pri-
ma di questa regina, la pizza era cibo
per i poveri. La pizza Margherita ha
95 solo mozzarella, pomodoro e basilico.   basilico *basil*

GIANNA: Dài, Lisa, andiamo a fare una passeggiata mentre mamma e papà prendono il caffè. Per papà viaggiare è una
avventura gastronomica e ci mette
100 più di un'ora a pranzare.

LISA: Noi di solito quando viaggiamo, pran-   di solito *usually*
ziamo ai ristoranti di fast food, però
guidiamo molto più lentamente!   guidiamo *we drive*

Mentre fanno un giro fuori, Lisa pensa   giro *around*
105 che è bello conoscere le abitudini degli altri.   abitudini *habits*

ESERCIZI

A.   **Vero o Falso? Indica se ognuna delle frasi seguenti è vera o falsa. Se è falsa, dai la risposta corretta.**

1. Il padre di Lisa telefona ogni settimana.
2. La Calabria è una regione al nord d'Italia.
3. Michele va in vacanza con Lisa e Gianna.
4. Il signor Lentini vuole partire alle 6 e mezzo.
5. Il limite di velocità è di 80 Km all'ora in Italia.
6. Il signor Lentini desidera pranzare in un ristorante.
7. Lisa non vuole visitare Pompei perché la città è distrutta.
8. Lisa e Gianna mangiano spaghetti alle vongole.

B.   **Scegli la risposta che meglio completa ogni frase.**

1. Lisa non scrive spesso ai suoi genitori perché
    (a) non ha niente da dire.
    (b) è un poco pigra.
    (c) il padre non è più nervoso.

2. Le ragazze si svegliano alle cinque di mattina perché
    (a) a Roma non ci sono ingorghi di traffico.
    (b) il signor Lentini vuole partire alle 6 e mezzo.
    (c) vogliono fare colazione in un bar.

3. La pizza margherita ha
    (a) acciughe e mozzarella.
    (b) salame e mozzarella.
    (c) pomodoro e mozzarella.

4. A pranzo i signori Lentini mangiano
    (a) in un fast food.
    (b) con tutto il tempo.
    (c) la pizza margherita.

5. L'antica città di Pompei
    (a) è vicina a Napoli.
    (b) è vicina alla Calabria.
    (c) è vicina a Roma.

C. **Completa la frase con una parola logica da questo elenco.**

velocità	ingorgo	pigra
operai	pieno	guidare
acciughe	regina	affreschi

1. Lisa è troppo _____ per scrivere alla sua famiglia.
2. Gli _____ fanno colazione in un bar prima del lavoro.
3. Margherita è stata la _____ di Napoli.
4. Alle 6 di mattina a Roma non c'è nessun _____ stradale.
5. Negli Stati Uniti un giovane può _____ a 17 anni.
6. Il bicchiere è _____ d'acqua.

D. **Scrivi la forma corretta del verbo al presente.**

ESEMPIO: Io (finire) i compiti.
       Io finisco i compiti.

1. Lui (pulire) la sua camera.
2. Noi (sentire) la sveglia quando suona.
3. Lei (aprire) la bocca per parlare.
4. Gli studenti (dormire) fino a tardi il fine settimana.
5. Loro (preferire) la pizza.
6. Tu (capire) l'italiano molto bene.
7. Le ragazze (finire) il loro lavoro.

E. **Scrivi la forma corretta del verbo al presente:**

ESEMPIO: Finalmente Lisa (vedere) il Colosseo.
       Finalmente Lisa vede il Colosseo.

1. Noi (correre) sulla strada.
2. Tu e l'amico (conoscere) quella ragazza.
3. I negozi (vendere) i vestiti.
4. Tu (chiudere) la porta di casa.
5. Gli studenti (leggere) molto.
6. Lisa non (scrivere) ai suoi genitori.
7. Noi (chiedere) soldi ai nostri genitori.
8. Io e Maria (scrivere) un biglietto in classe.

Capitolo 15

Si arriva a Soverato

Dopo pranzo, si mettono di nuovo in viaggio per la Calabria. Lisa e Gianna fanno un bel pisolino mentre il signor Lentini guida.

si mettono *start*

pisolino *nap*

5   SIG. LENTINI: Ragazze, che fate, dormite? Il viaggio non è lungo da qui. Fra tre o quattro ore siamo dai nonni.

GIANNA: Intanto noi dormiamo per tre ore, e quando arriviamo siamo riposati.

intanto *meanwhile*
riposati *rested*

10   SIG. LENTINI: Fate come volete!

Gianna dorme, ma Lisa non riesce. Lei guarda il paesaggio che cambia continuamente.

riesce *is able*
paesaggio *country-side*

LISA: Che cosa c'è su quel campo giallo?

15   SIG.RA Lentini: Quello è un campo di fiori che si chiamano girasoli e si usano per fare l'olio.

girasoli *sunflowers*

LISA: Sono molto belli.

SIG.RA Lentini: Quel campo invece è un vigneto. Se guardi attentamente vedi l'uva che poi si usa per fare il vino.

20   vigneto *vineyard*

LISA: Sembrano persone a braccia aperte.

    Continuano sull'autostrada e sono quasi arrivati a Soverato quando Gianna si sveglia.

25 GIANNA: Papà, quanto tempo ci vuole ancora
        per arrivare?

SIG. LENTINI: Gianna, non vedi che stiamo
        entrando a Soverato? Appena attra-
        versiamo la città siamo dai nonni.

30   I nonni di Gianna abitano alla periferia della città, in una casa con un grande orto pieno di fiori e di verdura. I nonni sono già davanti alla porta.

NONNA: Eccovi finalmente! Gianna come sei
35   diventata grande! E come sei bella.
        Dov'è la tua amica americana?

GIANNA: Eccola nonna, sta scendendo dalla
        macchina. Questa è Lisa.

LISA: Buongiorno Signora.

40 NONNA: Signora? No, chiamami nonna
        anche tu.

SIG.RA LENTINI : Salve mamma, tu non cambi
        mai, sei sempre così giovane e bella!

NONNA: Le mie arterie mi dicono che sto
45   invecchiando.

SIG. LENTINI: Dài mamma, tu hai il cuore di
        una ragazza. Quello che conta è l'età
        del cuore, non quella delle arterie!

NONNO: Entriamo dentro! Dovete essere
50   stanchi dopo questo lungo viaggio!

GIANNA: Nonno, che bello vederti di nuovo!

    Di fuori la casa ha un'aria modesta, ma dentro ha un cucina molto grande e moderna. Nel mezzo c'è una tavola, e c'è anche un
55 forno a microonde. Vicino alla cucina c'è un salotto e poi ci sono le camere da letto.

---

sembrano *they seem*
braccia *arms*

attraversiamo *cross*

orto *garden*

scendendo *getting down*

cambi *change*

cuore *heart*
età *age*

dentro *inside*

fuori *outside*

forno *oven*

NONNO: Ecco la piccola americana. Qui è
    diverso da New York, vero?

GIANNA: Nonno, si chiama Lisa, e non è di
60   New York, è di Boston!

NONNO: Allora non posso chiamarla america-
    na? Sai che qui noi amiamo gli ame-
    ricani, ed anche se lei non è di New
    York, sicuramente conosce la città.
65   Vero che conosci New York, Lisa?

LISA: Sì, conosco New York, un poco.

NONNA: Senti, lascia stare le ragazze, per   lascia stare *leave alone*
    favore, non raccontare storie nonno.   raccontare *to tell*

    Verso le otto di sera, la nonna li chiama   verso *toward*
70 per cenare. Sul tavolo c'è del cibo locale. Ci
sono delle olive, un piatto di soppressata a   soppressate *a type of*
fette, del formaggio, le braciole di patate,   *salami typical of Calabria*
della ricotta fresca e un'insalata verde.   fette *sliced*
    braciole di patate *potato croquettes*

75 GIANNA: Nonna, hai preparato il mio cibo
    preferito, le braciole di patate! Sei
    veramente un amore.

LISA: Che cosa sono le braciole di patate?

GIANNA: Sono patate tritate con formaggio e   tritate *mashed*
    prezzemolo e poi fritte. Assaggia!   prezzemolo *parsley*
80   Solo la nonna le sa fare così buone.   fritte *fried*

LISA: Sono davvero deliziose! Le mangerei   le mangerei *I would*
    tutte.   *eat them*

GIANNA: Mamma, dopo cena possiamo fare
85   un giro sul Lungomare?

SIG.RA LENTINI: Certo! Ma per stasera non
    fate le ore piccole.

SIG. LENTINI: Volete già uscire? Siamo appe-   già *already*
    na arrivati.   appena *just*

90 GIANNA: Dài papà, voglio vedere se ci sono
    dei miei amici in giro.

    Dopo cena, verso le dieci, le ragazze si   si avviano *go toward*
avviano verso il Lungomare.

LISA: Come mai tuo nonno ama gli americani?

95 GIANNA: A causa della Seconda Guerra
Mondiale.

a causa di *because of*
guerra *war*

LISA: Tuo nonno ama la guerra?

GIANNA: No, è che gli americani hanno
aiutato gli italiani contro i tedeschi.

hanno aiutato *helped*

100   Non ti preoccupare, ti racconterà
cento storie sulla guerra, sono sicura.

racconterà *will tell*

GIANNA: Guarda Lisa, su questa strada che va
lungo il mare ci sono tante discoteche
e ristoranti. La sera ci sono anche

105   molti giovani che passeggiano, quindi
se vuoi incontrare amici vieni qui.

quindi *therefore*
vieni qui *come here*

LISA: Tu conosci persone qui?

GIANNA: Certo, veniamo ogni estate a vedere
i nonni, e conosciamo molte persone.

veniamo *we come*

110   Lisa nota che c'è un'aria quasi di festa sul
Lungomare. Ci sono tanti ragazzi che chiacchierano e passeggiano, si sente la musica
dei diversi locali notturni, e ci sono anche le
bancarelle. Tutto è molto diverso qui da

115 Newton. Lisa si domanda ... se Gianna viene
negli Stati Uniti, che reazione avranno i
suoi genitori, i suoi amici, sua nonna? Sarà
così bello anche per lei? Devo invitare Gianna, sì, la invito, anzi invito anche Michele!

chiacchierano *chat*

locali *places*
bancarelle *booths*

avranno *will have*
sarà *will it be*

anzi *as a matter of
fact*

ESERCIZI

A. **Vero o Falso? Indica se ognuna delle seguenti frasi è vera o falsa. Se è falsa, dai la risposta corretta.**

1. Gianna non riesce a dormire in macchina.
2. Il campo giallo è un campo di girasoli.
3. I girasoli si usano per fare il vino.
4. I nonni di Lisa abitano al centro di Soverato.
5. Nell'orto dei nonni c'è solo verdura.
6. La nonna vuole essere chiamata "signora" da Lisa.
7. Il nonno ama gli americani a causa della Seconda Guerra Mondiale.
8. Il cibo peferito di Lisa sono le braciole di patate.

B. **Scegli la risposta che meglio completa ogni frase.**

1. Il signor Lentini dice che l'età che conta è
   (a) quella del cuore.
   (b) quella delle arterie.
   (c) quella della testa.

2. Nella Seconda Guerra Mondiale gli americani
   (a) hanno aiutato gli italiani contro i francesi.
   (b) hanno aiutato gli italiani contro i tedeschi.
   (c) hanno aiutato gli italiani contro gli spagnoli.

3. Lisa ha paura di invitare Gianna a visitare gli Stati Uniti
   (a) perché gli Stati Uniti sono lontani.
   (b) non sa se a Gianna piacciono gli Stati Uniti.
   (c) gli amici di Lisa non amano gli italiani.

4. Il cibo sulla tavola della nonna è
   (a) soppressata a fette.
   (b) una frittura di pesce.
   (c) pizza margherita.

5. Lisa e Gianna vogliono uscire a Soverato
   (a) per fare le ore piccole.
   (b) per vedere il mare.
   (c) per vedere se ci sono degli amici in giro.

C. **Trova la definizione per le seguenti parole.**

1. i girasoli
2. un pisolino
3. la soppressata
4. l'età
5. le braccia
6. il prezzemolo
7. il vigneto
8. il cuore

a. Un tipo di salame della Calabria.
b. La parte del corpo che ha le mani.
c. Un'erba verde che si usa per cucinare.
d. Dormire per un poco.
e. Dei grandi fiori gialli.
f. Gli anni di una persona.
g. La parte del corpo che ha amore.
h. Un campo con le piante dell'uva.

D. **Scegli la parola descritta da ognuna delle seguenti frasi.**

il salotto   il forno   l'orto   il divano
la poltrona   il bagno   l'armadio   il lavandino

1. La camera dove c'è la toilette ed il bidè.
2. Un tipo di sedia molto comoda e grande.
3. Una camera con un divano ed una poltrona, dove guardi la televisione.
4. Un mobile dove metti i tuoi vestiti.
5. Si possono sedere due o tre persone comodamente.
6. La parte della cucina economica dove cucini una torta.
7. È nella cucina e nel bagno, c'è acqua.

E. **Fai delle domande con dove, perché, come o quando.**

ESEMPIO: Io dormo **perché sono stanca.**
         Perché dormi tu?

1. Io viaggio **in aereo.**
2. Io mangio **al ristorante.**
3. Io abito negli **Stati Uniti.**
4. Io rispondo **in italiano.**
5. Io visito l'Italia **in estate.**
6. Io studio **perché voglio un buon voto.**
7. Io arrivo a casa alle **quattro del pomeriggio.**
8. Io canto **molto bene.**

Comprensione orale.

1. Perché partiamo molto presto?
   (a) Per fare benzina.
   (b) Per pranzare a casa dei nonni.
   (c) Perché siamo in vacanza.

2. Perché è molto snello Pietro?
   (a) Perché non mangia la pasta.
   (b) Perché mangia solo l'insalata.
   (c) Perché lui odia mangiare la carne.

3. Che cosa si coltiva sui campi vicino all'autostrada?
   (a) I girasoli per fare l'olio.
   (b) Si coltivano le arance ed i limoni.
   (c) Si coltivano le olive.

4. Quale vegetazione non c'è nella campagna di mio cugino?
   (a) Dei girasoli.
   (b) Dei vigneti.
   (c) Degli alberi di frutta.

5. Com'è la casa della nonna all'interno?
   (a) Molto vecchia.
   (b) Comoda e moderna.
   (c) In campagna.

Capitolo 16

Ferragosto

Soverato è una cittadina stupenda. Lisa si diverte molto. Soverato le ricorda un poco Cape Cod in Massachusetts, dove Lisa va spesso con i suoi genitori in estate.

5 Ogni giorno le due amiche dormono fino a tardi, e quando sono pronte vanno al mare, dove incontrano un gruppo di amici. Lisa non ci crede, l'acqua è chiara e limpida, e poi è molto calda. Nel Massachusetts il
10 mare è bello, ma l'acqua è sempre fredda!

GIANNA: Sai Lisa che oggi è il 15 agosto, ed è festa qui in Italia. È Ferragosto.

LISA: Che cos'è Ferragosto?

GIANNA: È la vacanza dalle vacanze. Un gior-
15 no di festa per tutta l'Italia! Le origini sono religiose, è il giorno dell'Assunzione, ma gli italiani oggi festeggiano il loro amore per le ferie di agosto.

LISA: Che cosa sono le ferie di agosto?

cittadina small city
si diverte has fun
ricorda reminds

crede believes

20 SIG. LENTINI: Beh, gli italiani lavorano sodo   sodo *hard*
tutto l'anno, ma ad agosto hanno due
settimane o un mese di vacanza. La
parola ferie è un sinonimo di vacanze.

SIG.RA LENTINI: Gli italiani passano questo
25   giorno al mare o in montagna a fare
una scampagnata con la famiglia e gli
amici.

LISA: E noi che cosa facciamo oggi?

SIG.RA LENTINI: Perché non andiamo a Serra
30   San Bruno a fare una scampagnata con
i nonni ed i nostri amici? Al ritorno
possiamo andare ad un paesino qui
vicino per la festa del Patrono.   patrono *patron saint*

LISA: Che cos'è?

35 SIG.RA LENTINI: Molti paesi hanno feste in
onore del loro Santo protettore in
questi giorni.

GIANNA: Buon' idea papà, in serata ci sono
delle gare e le partite di calcio. Poi c'è   gare *races*
40   musica in piazza con cantanti ed
orchestre, a volte anche famosi.

SIG.RA LENTINI: Alla festa, balliamo, cantiamo,
incontriamo sempre gente conosciuta.   gente *people*
È veramente una bell' esperienza.

45 LISA: Mamma, possiamo invitare Sandro,
Franco e Laura a venire con noi?

SIG.RA LENTINI: Certo, così vi divertite   vi divertite *you'll*
insieme.   *have fun*

Il gruppo va a fare una scampagnata a
50 Serra San Bruno, dove c'è un vecchio monastero. A mezzogiorno mangiano tante cose
buone, un vero picnic all'italiana. Dopo
pranzo gli adulti giocano a carte e a bocce,
mentre i giovani improvvisano partite di
55 calcio e palla a volo. Verso le sei di sera tutti

vanno a San Sostene, un paesino a quindici
minuti da Soverato, per la festa paesana.

GIANNA: Guarda le strade come sono abbel-
    lite! Tutto è decorato a festa.

60 LISA: Senti la musica, da dove viene?

GIANNA: Certamente viene dalla piazza.
    Mamma, papà, noi andiamo in piazza
    ad ascoltare un po' di musica e ballare.

SIG. LENTINI: Sì, andate. Noi facciamo quattro
65   passi all'aria fresca!Ci vediamo più
    tardi, al bar, per i fuochi d'artificio.

    Lisa si lascia trasportare per le stradine
del paese. Che giornata piena di emozioni!
Non ha mai avuto tante esperienze in un
70 giorno! Tutti in Italia sembrano festeggiare.

LISA: Quanta allegria! Tutti partecipano alla
    festa! Dai vecchi ai bambini tutti tro-
    vano un modo per divertirsi.

SIG.RA LENTINI: Certo. Dopo tutto, oggi è Fer-
75   ragosto, la festa più divertente dell'an-
    no! Sai, l'italiano lavora quando deve
    lavorare, studia quando deve studia-
    re, e quando deve festeggiare lo fa
    con tutto il cuore!

Glossary (right margin):

abbellite *decorated*

viene *comes*

fare quattro passi
  to take a walk

fuochi d'artificio
  fireworks

si lascia *lets herself*

piena *full*

sembrano *seem*

allegria *happiness*

divertirsi *to have
fun*

cuore *heart*

ESERCIZI

A. **Vero o Falso? Indica se ognuna delle frasi seguenti è vera o
falsa. Se è falsa, dai la risposta corretta.**

1. Lisa e Gianna passano il Ferragosto in campagna.
2. Per Ferragosto, gli italiani vanno in chiesa.
3. Alla festa del paese, le ragazze ballano nella strada.
4. La sera ci sono i fuochi d'artificio.
5. Ferragosto è a giugno.
6. Nella piazza del paese danno un film.

B. **Scegli la migliore risposta per le seguenti domande.**

1. Che cosa ricorda Soverato a Lisa?
    (a) Soverato le ricorda Newton.
    (b) Soverato le ricorda Cape Cod.
    (c) Soverato le ricorda NewYork.

2. Che cosa è Ferragosto?
    (a) Ferragosto è l'onomastico di Gianna.
    (b) Ferragosto è la vacanza delle vacanze.
    (c) Ferragosto è un giorno di lavoro.

3. Dove passano il giorno di Ferragosto gli italiani?
    (a) Passano Ferragosto al mare o in montagna.
    (b) Passano Ferragosto in casa.
    (c) Passano Ferragosto al lavoro.

4. Che festa c'è nei paesini vicino a Soverato in agosto?
    (a) C'è la festa di Ferragosto.
    (b) C'è la festa della liberazione.
    (c) C'è la festa del Santo Patrono.

5. Che cosa fanno Gianna e Lisa in piazza alla festa?
    (a) Gianna e Lisa giocano a calcio in piazza.
    (b) Gianna e Lisa ascoltano la musica e ballano in piazza.
    (c) Gianna e Lisa bevono un caffè in piazza.

C. **Abbina il vocabolario secondo le descrizioni.**

le ferie   l'allegria   i fuochi d'artificio
il paesino   la gente   le gare

1. Esplosioni nel cielo durante le feste.
2. Un'altra parola per indicare un gruppo di persone.
3. Uno stato di contentezza.
4. Un'altra parola per vacanze.
5. Un piccolo paese.
6. Molte persone che fanno le corse.

F.   Scrivi la forma corretta del verbo in parentesi.

1. Lisa e Gianna (ballare) in piazza.
2. Gli amici (vedere) i fuochi d'artificio.
3. Io (sentire) la musica.
4. La mamma (preferire) il gelato al cioccolato.
5. Tina e Michele (finire) le vacanze oggi.
6. Io e Marco (correre) la gara.
7. Tu e Roberto (spedire) cartoline agli amici.
8. Chi (incontrare) Lisa ed i genitori alla festa?
9. Gli italiani (lavorare) sodo tutto l'anno.
10. Alla fine della vacanza, Lisa (partire) per gli Stati Uniti.

G.   Comprensione orale. Ascolta il passaggio e trova la risposta più adatta ad ogni domanda.

1. Perché è sorpresa Sandra?
    (a) Perché la gente balla in piazza.
    (b) Perché c'è molta gente.
    (c) Perché nell'aria c'è allegria.

2. Che cosa fa furioso il padre di Carlo?
    (a) Che la madre di Carlo balla.
    (b) Che la musica è troppo alta.
    (c) Che c'è molta gente nel giardino.

3. Perché fa un po' di paura agli alunni la signora Giusti?
    (a) Perché lei ha la voce forte.
    (b) Perché lei è grande, ma ha la voce dolce.
    (c) Perché lei è la professoressa d'italiano.

4. Che cosa sorprende Lisa al mare?
    (a) Gli amici di Soverato.
    (b) L'acqua è come al suo paese.
    (c) L'acqua limpida e calda.

5. Che cosa fanno alla scampagnata i bambini?
    (a) Loro dormono.
    (b) Loro improvvisano partite di calcio.
    (c) Loro giocano a carte.

Capitolo 17

La Galleria degli Uffizi

Dopo il ritorno a Frascati il signor Lentini
decide di accompagnare le ragazze a Firenze.
Dopotutto per Lisa è importante vedere la
culla del Rinascimento.   culla *cradle*

5 GIANNA: Papà, andiamo in macchina o in
       treno?

SIG. LENTINI: Se andiamo in macchina faccia-
       mo la costa e vediamo la Maremma.

LISA: Dov'è la Maremma?

10 SIG. LENTINI: È la campagna al sud della
       Toscana, più vicina al Lazio, tra il
       Tirreno e gli Appennini.

GIANNA: La pianura è simile alle praterie del   praterie *prairie*
       West americano. Qui ci sono i
15   butteri, cioè i cow-boys italiani.

LISA: È incredibile quante cose ci sono da
       imparare e vedere in Italia: storia,   imparare *to learn*
       arte, folclore ... l'Italia non finisce
       mai!

20

Sig. LENTINI: Hai ragione. Allora, domani si
    parte per passare due giorni a Firenze.

hai ragione *you are right*

L'indomani la famiglia parte per Firenze.
Michele non può andare, è impegnato.

25 LISA: Guarda quei cipressi e i vigneti, sem-
    bra un quadro di Leonardo DaVinci.

quadro *painting*

SIG. LENTINI: È vero, la campagna fiorentina
    è bella, ed ha ispirato tanti artisti.

LISA: Qual è la nostra prima fermata?

fermata *stop*

30 SIG.RA LENTINI: Il Piazzale Michelangelo;
    c'è una veduta incredibile della città.

GIANNA: Alle spalle abbiamo Fiesole, un
    paesino, molto caratteristico.

spalle *shoulders*

SIG.RA Lentini: Guardate ragazze, tutte le
35   cupole e le torri fiorentine.

torri *towers*

LISA: Sì, riconosco la cupola del Duomo di
    Brunelleschi, la torre di Giotto, ... ma
    questo palazzo a forma di U vicino al
    fiume Arno che cos'è?

palazzo *building*

40 GIANNA: È la Galleria degli Uffizi, un museo
    famoso in tutto il mondo.

mondo *world*

LISA: Ci andiamo?

SIG. LENTINI: Certo una visita a Firenze non è
    completa senza vedere gli Uffizi.   senza *without*

45 LISA: Piazza della Signoria è qui vicino?
SIG.RA LENTINI: Infatti, l'entrata del museo è
    in piazza!

    Nella piazza, ci sono anche molte statue
famose, Perseus di Benvenuto Cellini, il
50 Ratto delle Sabine di Giambologna, e la
copia del Davide di Michelangelo.

GIANNA: Cara Lisa, benvenuta ad una lezione
    vivente di storia dell'arte. A Firenze
    fai indigestione di artisti e capolavori.   capolavori *works of art*

55 LISA: Io sono pronta. Andiamo! Non vedo
    l'ora di vedere tutto!

SIG.RA LENTINI: Andiamo in albergo prima,
    così facciamo il check-in e lasciamo la   lasciamo *we leave*
    macchina. Ho prenotato per una notte   Ho prenotato *I re-*
60   in un vecchio albergo sul Lungarno.   *served*

    Lisa guarda tutto con occhi spalancati.   spalancati *wide open*
Firenze, la città madre della lingua italiana,
la culla del Rinascimento, la città di Dante,
dei Medici, di Michelangelo e di tanti altri
65 illustri italiani. Incredibile! Facendo la coda   facendo la coda *wait-*
per entrare nella Galleria degli Uffizi,   *ing in line*
sentono chiamare "Lisa, Lisa Martin!" Lisa si si gira *turns around*
gira e vede un suo compagno di Newton.

LISA: Mark! Che cosa fai qui in Italia? Che
70   bella sorpresa!

MARK: Sono in vacanza con la mia famiglia.
    Un regalo di nonna. Ci porta a visita-
    re l'Europa per tre settimane.

LISA: Tre settimane, per l'Europa? E quanti
75   paesi visitate?   paesi *countries*

MARK: Tre, visitiamo la Spagna, la Francia e
    l'Italia. Dopodomani ritorniamo negli
    Stati Uniti.

LISA: Incredibile! Tre paesi in tre settimane.
80   Io sono in Italia da quasi due mesi.   quasi *almost*
        Ah, Mark ti presento la mia famiglia
        italiana. I signori Lentini, e la mia
        amica Gianna!

TUTTI: Piacere!

85 MARK: Che fortuna! Due mesi in Italia! Allo-
        ra, conosci l'Italia a fondo.   a fondo *in depth*

LISA: Affatto! Ma più da due mesi vivo   Affatto *not at all*
        veramente la vita italiana.

MARK: Di solito siamo nella classe d'italiano
90   a Newton. Adesso siamo davanti al
        Davide a Firenze. È strano, vero?

LISA: Sì, sembra strano. Vai a vedere la sta-   sembra *it seems*
        tua del Davide all'Accademia?

MARK: Io ho già visitato i musei. Qui agli
95   Uffizi mi piace molto la Nascita di   la Nascita di Venere
        Venere di Botticelli. Adesso devo   *the birth of Venus*
        andare. Buon divertimento!   buon divertimento
                                                                have fun
LISA: Buona vacanza anche a te. Ci vediamo
        a Newton a settembre.

100 MARK: Non me lo ricordare. Fra poche setti-   non me lo ricordare
        mane siamo di nuovo a scuola!   *don't remind me*

LISA: Davvero. Ciao Mark!

MARK: A presto Lisa!

        Dentro la Galleria degli Uffizi vanno da   Dentro *inside*
105 una sala all'altra.Tante opere d'arte! Impossi-
    bile ricordarle tutte. Ha ragione Mark, la Na-   ricordarle *to remem-
    scita di Venere e la Primavera di Botticelli   ber them*
    sono i quadri preferiti anche di Lisa.   quadri *paintings*

LISA: Una cosa è studiare questi artisti e que-
110   ste opere d'arte a scuola, ed un'altra è
        vederle di persona. Che emozione!

GIANNA: Brava Lisa. Mi fa piacere vedere che
        apprezzi tutto della nostra bella Italia!   apprezzi *appreciate*

ESERCIZI

A. Vero o Falso? Indica se ognuna delle seguenti frasi è vera o falsa. Se è falsa, dai la risposta corretta.

1. La famiglia Lentini va a Firenze in aereo.
2. Firenze è nel Lazio.
3. La Maremma è una zona della Toscana al nord del Lazio.
4. I butteri sono i cow-boys italiani.
5. Piazzale Michelangelo è sulla collina sopra Firenze.
6. Fiesole è il fiume di Firenze .
7. La Galleria degli Uffizi vende opere di artisti moderni.
8. Il Davide è il capolavoro di Leonardo DaVinci.

B. Scegli la risposta che meglio completa ogni frase.

1. Lisa è sorpresa di scoprire
   (a) che le città italiane hanno soprannomi.
   (b) che in Italia c'è tanto da vedere e imparare.
   (c) che si arriva a Firenze in macchina.

2. Un'altro nome per Firenze è
   (a) la Culla del Rinascimento.
   (b) la Città Eterna.
   (c) la Maremma.

3. Mentre sono in fila davanti alla Galleria degli Uffizi,
   (a) Lisa vede Michele.
   (b) Lisa incontra un suo amico di Newton.
   (c) Lisa compra delle foto dei capolavori fiorentini.

4. Due quadri importanti di Botticelli sono
   (a) il Perseo e il Ratto delle Sabine.
   (b) il Davide e la Gioconda.
   (c) la Nascita di Venere e la Primavera.

5. Per vedere la statua originale del Davide il gruppo va
   (a) al Bargello.
   (b) alla Galleria degli Uffizi.
   (c) all'Accademia.

C. **Completa ognuna delle seguenti frasi con i vocaboli appropriati.**

colline	settimane	paesi	lungarno
mare	cipresso	presenta	sognare
natale	monti	visita	ricordare

1. Sulle _____ vicino a Firenze c'è il bellissimo paese di Fiesole.
2. Il Signor Lentini ha prenotazioni in un vecchio albergo sul _____ .
3. Mark e la sua famiglia visitano tre _____ in tre _____ .
4. L'albero elegante della campagna fiorentina è il _____ .
5. La Maremma è una pianura fra _____ e _____ .
6. Lisa _____ Mark a Gianna e ai signori Lentini.
7. Firenze è la città _____ di Dante Alighieri e dei Medici.
8. A Lisa sembra di _____ . Non aveva mai immaginato tanta bellezza.

D. **Cambia ogni aggettivo in un avverbio. Segui l'esempio.**

ESEMPIO: sicuro
      sicuramente

1. veloce
2. felice
3. lento
4. tranquillo
5. facile
6. particolare
7. difficile
8. semplice
9. certo
10. vero

E. **Quali sono i mezzi di trasporto usati per viaggiare? Rispondi alle seguenti domande in frasi complete:**

1. In che cosa viaggia Lisa da Boston a Roma?
2. In che cosa viaggia la famiglia in Calabria?
3. In che cosa viaggiano gli studenti italiani a scuola?
4. In che cosa viaggiano le ragazze a Roma?
5. In che cosa viaggiano i ragazzi americani a scuola?
6. Come vai a scuola se abiti vicino alla scuola?

Completa ogni frase con il presente del verbo che conviene.

ESEMPIO: guidare
Il signor Lentini **guida** la sua macchina.

prenotare   presentare   ammirare
incontrare   parcheggiare   visitare

1. La famiglia Lentini _____ Firenze.
2. Lisa ____ molti capolavori del Rinascimento.
3. Lisa ____ un compagno di scuola di Newton.
4. Lisa ____ il suo compagno alla sua famiglia italiana
5. Il signor Lentini _____ la macchina nel garage.
6. Il signor Lentini _____ una camera in albergo.

Discussione e composizione. Firenze:

1. Perché Firenze è così famosa?
2. Chi sono alcuni fiorentini illustri?
3. Com'è la campagna della Toscana?
4. Quali sono alcune delle statue famose a Firenze?
5. Quali sono alcuni musei d'arte famosi di Firenze?
6. Quali posti sono sulle colline intorno a Firenze?

Capitolo 18

Il ritorno a Frascati

Oggi la famiglia Lentini ritorna a Frascati. A Lisa resta poco più di una settimana
di vacanza e lei ha ancora molto da fare e da
pensare. Le ragazze fanno una passeggiata
5   mattutina per il centro di Firenze.

LISA: Sai una cosa? Vorrei mandare una
      cartolina ai miei genitori e alla mia
      professoressa d' italiano.

GIANNA: Andiamo dal tabbaccaio così puoi
10   scegliere delle cartoline e prendere i
      francobolli.

Dal tabbaccaio Lisa trova delle bellissime
cartoline di Firenze. Ne sceglie cinque.

GIANNA: Perché cinque?

15 LISA: Una per i miei genitori, una per mia
      nonna, una per la mia professoressa,
      una per la mia amica Jenny e una per
      me, come ricordo di Firenze.

GIANNA: Ma sono tutte uguali.

20 LISA: Non importa, sono per persone
      diverse!

vorrei *I would like*
cartolina *postcard*

tabbaccaio *tobacco shop*
francobolli *stamps*

ne *of them*

ricordo *souvenir*

uguali *the same*

diverse *different*

117

GIANNA: È vero. Voi americani siete vera-
           mente pratici. Sai Lisa che mi man-   mi mancherai *I will*
           cherai molto.   *miss you*

25 LISA: Anche tu. Non voglio pensare a ritor-
           nare senza di voi negli Stati Uniti.
           Ormai siete come la mia famiglia!   ormai *by now*

GIANNA: Basta. Non è ancora tempo di tristi
           saluti. Ci resta più di una settimana   ci resta *we still have*
30   insieme

     Quando partono da Firenze, il signor
Lentini decide di prendere l'autostrada e
ritornare direttamente a Roma. In macchina,
nel sedile posteriore Lisa e Gianna dormono. sedile *seat*
35 Anche la signora Lentini riposa seduta seduta *seated*
accanto al marito. Tutto è silenzioso in
macchina eccetto la radio che trasmette dolci eccetto *except*
melodie italiane. Gianna si sveglia.

GIANNA: Ehi, sveglia a tutti. Qui c'è pericolo
40   di finire fuori strada addormentati.   fuori *outside*
           perché non cantiamo?

LISA: Cantare?

GIANNA: Sì, dài Lisa, cantiamo una canzone!

SIG. LENTINI: Io conosco la versione italiana
45   di una canzone americana: 99 bottiglie
           sul muro.   muro *wall*

GIANNA: Ma va papà! Cantiamo una canzone
           italiana ... perché non cantiamo
           "Bella" oppure *"Arrivederci Roma"*...

50 LISA: No, non cantiamo *Arrivederci Roma*
           se no mi viene la malinconia!

SIG.RA LENTINI: È vero. Niente tristezza. Can-
           tiamo qualcosa di sentimentale. Lisa,
           sicuramente conosci *"Con te partirò."*

55 GIANNA: Sì, la canzone di Andrea Bocelli.

LISA: Bene, questa canzone la conosco.

SIG. LENTINI: Allora tutti insieme: "Quando
           sono solo e sogno all'orizzonte...."

Mentre tutti cantano contenti nell'auto-
60 mobile il signor Lentini esclama:

    Sig. LENTINI: Guardate lì! C'è un incidente!

    GIANNA: Oddio! Guardate quelle due vetture.
        Sono completamente capovolte!

    SIG. LENTINI: Non vedo ancora né polizia, né
65   ambulanza. L'incidente deve essere
      appena successo. Fermiamoci. Se ci
      sono dei feriti possiamo telefonare al
      Pronto Soccorso.

Il signor Lentini ferma l'automobile. Lui
70 e la moglie si precipitano verso l'incidente.
Gianna e Lisa li seguono più lentamente. Le
due ragazze hanno paura. Ci sono due
persone dentro una delle vetture. E c'è
sangue dappertutto!

75 SIG. LENTINI: Coraggio, arriva aiuto! Gianna,
      Lisa, venite a darci una mano!

In quel momento sentono una voce che
grida da lontano: "Ma è scemo? Ma che fa? Si
allontani, via, vada via!" Scioccato, il signor
80 Lentini si ferma di colpo! Un uomo si
avvicina.

L'UOMO: Che fa, non ha visto il cartellone?

SIG. LENTINI: Che cartellone?

L'UOMO: Ad un chilomentro da qui, c'era un
85   grande cartellone "Attenzione si gira
    un film."

SIG. LENTINI: Si gira un film? Vuole dirmi
    che questo non è un vero incidente?

L'UOMO: Ma no! È un film! Non vede che
90   ci sono manichini nella vettura?

SIG. LENTINI: Meno male! Sono contento che...

L'UOMO: Contento? Adesso, grazie al suo aiu-
    to, dobbiamo girare di nuovo tutta la
    scena! E lei è contento!

---

esclama *yells*

incidente *car accident*

vetture *vehicles*
capovolte *upside down*

appena *just*
successo *happened*
pronto soccorso *first aid*

ferma *stops*
si precipitano *rush*
seguono *follow*

sangue *blood*
dappertutto *everywhere*
coraggio *don't worry*

scemo *fool*
si allontani *get away*
di colpo *suddenly*

c'era *there was*
si gira *we are shooting*

manichini *dummies*

di nuovo *again*

95   Ritornati in macchina la famiglia ride del frainteso.

    frainteso *misunder-standing*

GIANNA: Papà, sei incredibile. Vai ad aiutare due feriti e ti trovi nella scena di un film!

    feriti *wounded*
    ti trovi *you find yourself*

100 LISA: È stata proprio una scena da Hollywood o come si dice in italiano?

GIANNA: Cinecittà, la Hollywood italiana si chiama Cinecittà ed è proprio qui a Roma.

105 SIG.RA LENTINI: Scherzi a parte sono fiera di te caro. Vedi due persone in pericolo, e vai subito al loro soccorso.

    scherzi a parte *kidding aside*
    pericolo *danger*
    soccorso *help*

GIANNA: Sei bravissimo papà! E se vieni bene nella scena, forse il regista ti chiama
110   per un'altro film. Mio padre l'attore!

    regista *film director*

    E Lisa ride con loro, la sua famiglia italiana che fra poco deve lasciare!

ESERCIZI

A. Vero o Falso? Indica se ognuna delle frasi seguenti è vera o falsa. Se è falsa, dai la risposta corretta.

1. Al tabbaccaio, si possono comprare cartoline e francobolli.
2. Lisa compra cinque cartoline diverse.
3. Gianna vuole cantare in macchina.
4. Il signor Lentini telefona al pronto soccorso.
5. L'uomo è contento che il signor Lentini va ad aiutare i feriti.
6. In una vettura capovolta, ci sono due persone.
7. Cinecittà è la Hollywood di Roma.
8. Quando è di nuovo in macchina, la famiglia ride del frainteso

B. Scegli la migliore risposta per le seguenti frasi:

1. Lisa compra tutte le cartoline uguali
   (a) perché non c'è grande scelta.
   (b) perché non le piace Firenze.
   (c) perché vanno a persone diverse.

2. In macchina, Gianna e Lisa
   (a) sono sedute nel sedile davanti.
   (b) si addormentano nel sedile posteriore.
   (c) scrivono cartoline.

3. L'incidente stradale
   (a) coinvolge due vetture.
   (b) blocca il traffico per molti chilometri.
   (c) ha una macchina capovolta.

4. Sul cartellone dell'autostrada c'era scritto:
   (a) "Attenzione Cinecittà è vicina".
   (b) "Attenzione, si gira un film".
   (c) "Attenzione, regista italiano arrabbiato a pochi passi".

5. Lisa è un poco triste perché
   (a) vuole essere nella scena del film.
   (b) non vuole più ritornare a Frascati.
   (c) pensa che fra poco deve lasciare i Lentini.

C. Rispondi alle seguenti domande:

1. A chi scrive le cartoline Lisa?
2. Che cosa decide di fare il signor Lentini quando partono da Firenze?
3. Quale canzone americana suggerisce di cantare il padre?
4. Perché Lisa non vuole cantare *Arrivederci Roma* ?
5. Come sono le vetture che vedono al lato della strada?
6. Che cosa grida il registra arrabbiato?
7. perché è contento il signor Lentini?
8. perché è fiera di lui la signora Lentini?
9. Come scherza Gianna di suo padre?
10. Che cosa pensa Lisa?

D. L'abbigliamento. Dalla lista decidi quale abbigliamento usi nelle seguenti circostanze:

i sandali	il pigiama	la tuta di ginnastica
i guanti	la gonna	l'impermeabile
la cravatta	il cappotto	il costume da bagno
gli stivali	il cappello	gli occhiali da sole

1. Quando nuoto in piscina, metto _____ .
2. Per sciare, ai piedi metto _____ .
3. Quando piove, metto _____ .
4. Quando fa freddo, sulle mani metto _____ .
5. In estate, ai piedi metto _____ .
6. Quando tira vento, non posso mettere _____ sulla testa.
7. In inverno, quando fa molto freddo metto _____ .
8. Quando vado a letto, metto _____ .
9. Quando faccio lo sport, metto _____ .
10. Sulla camicia, mio padre mette _____ .

E. Fai i paragoni fra le due frasi seguendo l'esempio. Usa più di.

ESEMPIO: La cartolina costa cinquecento lire.
Il francobollo costa mille lire.
Il francobollo costa **più della** cartolina.

1. Il biglietto del treno costa centomila lire.
   Il biglietto d'autobus costa sessantamila lire.
2. Gli stivali costano centoventimila lire.
   I sandali costano settantacinquemila lire.
3. Il libro costa trentasettemila lire.
   Il dizionario costa quarantatremila lire.
4. Un caffè costa duemila lire.
   Un cappuccino costa tremilacinquecento lire.
5. La camicia costa ventottomila lire.
   La gonna costa cinquantunomila lire.
6. Il costume da bagno costa novantaduemila lire.
   I pantaloncini costano quarantanovemila lire.

F. Completa ogni frase con la forma corretta del verbo volere.

1. Marianna _____ andare in vacanza quest'estate.
2. Giuseppe e io _____ visitare la Galleria degli Uffizi.
3. Vincenzo e Tamara _____ vivere a Roma.
4. Tu e Daniele _____ mangiare la pizza bianca.
5. Tu _____ telefonare ad AnnaRita.
6. Io _____ salutare le mie cugine Aurora e Bruna.
7. Nicola, _____ venire con noi?
8. Cinzia e Concetta, _____ uscire stasera?
9. I ragazzi non _____ comprare niente.
10. Noi _____ comprare delle cartoline.

Capitolo 19

Gli ultimi giorni

Lisa ritorna negli Stati Uniti fra pochi giorni. Lei non ha molta voglia di partire e la notte non si addormenta facilmente. Pensa che la famiglia Lentini ormai è come
5 la sua famiglia e si sente molto legata a Gianna.

pochi *a few*

ha voglia *feels like*

si addormenta *falls asleep*

legata *close*

La signora Lentini organizza due gite all'ultimo minuto. Stamattina durante la prima colazione ha un'idea che piace a Lisa.

gite *trips*

10 SIG.RA LENTINI: Ragazze, che ne dite di ritornare a Roma oggi? Vi piace l'idea?

GIANNA: Certo mamma! Ottima idea. Che ne dici tu Lisa?

LISA: Sì, con piacere, ma ... non ho più sol-
15   di, forse non mi bastano per il treno!

MICHELE: Non importa! Vi porto io. Oggi non lavoro.

GIANNA: Fantastico! Come sapete, non siamo tanto brave a prendere il treno. Ti
20   ricordi Lisa?

LISA: Eccome! L'altra volta un giorno a Roma è diventato due!

eccome *and how*

è diventato *became*

E così che i tre amici decidono di passare un'altra giornata a Roma.

25   GIANNA: Da dove cominciamo?

LISA: Io vorrei andare ai Musei Vaticani e vedere la Cappella Sistina!

MICHELE: Ottima idea! È qualcosa che faccio anch'io con piacere.

qualcosa *something*

30   GIANNA: Bene. Ma se resta tempo vieni con noi ai negozi.

vieni *come*

Le ragazze sanno bene che Michele odia fare compere, ma non si arrendono! Lui è il loro autista .... Ai Musei Vaticani, Michele
35   prende controllo della situazione.

si arrendono *give up*
autista *driver*

MICHELE: Seguite la vostra guida personale. Signorine, venite a vedere il soffitto più famoso del mondo! Ecco il grande lavoro di Michelangelo!

seguite *follow*
soffitto *ceiling*

40   GIANNA: Michele conosci veramente tutti i profeti e le sibille?

MICHELE: Beh più o meno. Ma guardare questo soffitto è come vivere la Creazione. I colori, le espressioni, la passione....

45   Dopo qualche minuto Lisa nota cinque o sei persone intorno a Michele. Credono che Michele sia veramente una guida. A Lisa viene da ridere ma cerca di concentrarsi su quanto vede! La Cappella è più ricca e più
50   inpressionante di quanto credesse. Intanto Michele continua a parlare con autorità!

nota *notices*
credono *believe*

ridere *to laugh*

credesse *she believed*

MICHELE: Guardate la Creazione di Adamo! Sembra che Dio gli passi il siero della vita con quel dito! Eppure le due dita
55   non si toccano. Vedete l'uomo che allunga la mano verso la perfezione ma non la tocca.

sembra *it seems*
siero *juice*
dito(a) *finger(s)*
toccano *touch*

LISA: E il Giudizio Universale mi fa venire
la pelle d'oca. C'è tanto potere e tanta   *la pelle d'oca goose*
60   forza in quel Cristo Risorto.   *bumps*

GIANNA: È una figura veramente imponente!   *imponente imposing*

Intanto le persone capiscono che Michele
non è una vera guida e si allontanano.

GIANNA: Lisa, guarda mio fratello! È nato per   *è nato was born*
65   fare la guida!

Michele invita le ragazze a pranzare in
una pizzeria vicino ai Musei, in via Cola di
Rienzo dove la pizza è da morire! Dopo   *morire to die*
pranzo, a sorpresa di tutti suggerisce di fare
70 spese lì vicino, nei negozi di via Ottaviano.

MICHELE: Allora andiamo oggi pomeriggio?

LISA: Beh, visto che sono al verde, invece di
fare shopping, vorrei salire sul cupo-
lone di San Pietro. Che ne dite?   *che ne dite what do*
                                             you say
75 GIANNA: Ma scherzi. Rifiuti di fare un giro   *scherzi are you*
per i negozi?   *kidding?*

LISA: No, anzi ... mi piacerebbe vedere delle
vetrine, ma sai, i negozi li trovo anche   *trovo I find*
a Boston. San Pietro è solo a Roma!

80 MICHELE: Brava Lisa. Mi piaci! Fai delle scelte
ben pensate, non come mia sorella
che vuole ancora vedere vetrine.

GIANNA: Non è vero, criticone. Solo perché
non sono una secchiona come te!   *secchiona bore*
85   Avanti, vengo anch'io a San Pietro.

LISA: Possiamo entrare nella basilica e
vedere la Pietà di Michelangelo!

GIANNA: E anche l'altare maggiore con il
baldacchino di Bernini.   *baldacchino canopy*

90 MICHELE: Sai ad un lato della basilica c'è una
statua di San Pietro. I turisti fanno la
fila per toccare il piede del santo.   *toccare to touch*
Dicono che porta fortuna.

LISA: Un po' come gettare le monete nella
95   fontana di Trevi.

gettare to trow

MICHELE: Esatto! A proposito, l'hai già fatto?

*l'hai già fatto did
you already do it*

LISA: Certo. Uno dei primi giorni a Roma!

MICHELE: Allora perché non camminiamo
      lungo le mura vaticane fino a piazza
100   San Pietro?

I tre amici camminano per Roma, chiacchierano, ridono, ricordano la loro bella estate insieme. Si fermano davanti ad una bancarella e Michele compra una statua di bron-
105 zo della Lupa romana con Romolo e Remo.

*chiacchierano cha
ricordano rememl*

Lupa wolf

MICHELE: Tieni, Lisa, ecco un piccolo ricordo
      di Roma. Per ricordarti di noi.

tieni hold

Lisa è commossa. Non riesce a parlare.
Infila un braccio sotto il braccio di Michele e
110 gli sussurra "Grazie." Più tardi, all'imbrunire, mentre i monumenti romani si
indorano della luce arancione del tramonto,
Lisa pensa che la sua estate romana sarà
sempre indimenticabile!

commossa moved
braccio arm
sussurra whispers
indorano turn gol
tramonto sunset

ESERCIZI

**A. Vero o Falso? Indica se ognuna delle frasi seguenti è vera
o falsa. Se è falsa, dai la risposta corretta.**

1. Lisa e Gianna vanno a Roma a visitare i musei.
2. Michele non conosce la Cappella Sistina.
3. Michele fa la guida nel museo, e molte persone ascoltano
4. Michele non vuole andare nei negozi.
5. Lisa preferisce salire sul cupolone di San Pietro.
6. Michele compra un ricordo di Roma per Lisa.
7. Lisa ha ancora soldi da spendere.
8. Nella Basilica di San Pietro, vedono l'Ultima Cena.

B. Scegli la risposta che meglio completa ogni frase:

1. Lisa non vuola lasciare Frascati perchè
   (a) deve imparare meglio l'italiano.
   (b) si è molto affezionata alla famiglia Lentini.
   (c) deve ritornare al lavoro.

2. Michele può andare con le ragazze perché
   (a) oggi non deve lavorare.
   (b) deve andare all'università a Roma.
   (c) ha molti soldi da spendere.

3. Ai Musei Vaticani i ragazzi vedono
   (a) un autista amico di Michele.
   (b) la Nascita di Venere di Botticelli.
   (c) il famoso soffitto di Michelangelo.

4. Lisa non è sicura di voler ritornare a Roma oggi, perché
   (a) a lei non piace Roma.
   (b) non ha più soldi.
   (c) non vuole prendere il treno.

5. Come souvenir Michele compra per Lisa
   (a) una replica della cupola di San Pietro.
   (b) una statua della Pietà di Michelangelo
   (c) la lupa con i gemelli fondatori di Roma.

C. Usa le espressioni c'è o ci sono, e forma frasi complete.

ESEMPIO: molti musei a Roma
          Ci sono molti musei a Roma.

1. molti negozi in piazza
2. una bella blusa in vetrina
3. molto da vedere a Roma
4. molte statue nella chiesa
5. la Pietà di Michelangelo a San Pietro
6. le bancarelle per la strada
7. la mano alla fine del braccio
8. le scarpe ai piedi
9. amici a casa di Gianna
10. una sorpresa per Lisa

D. **Forma domande usando gli interrogativi chi, dove, come, quando, a chi, che cosa.**

ESEMPIO: Le ragazze vanno a Roma.
Dove vanno le ragazze?

1. Lisa si sente molto legata **a Gianna.**
2. I tre amici decidono di visitare **i Musei Vaticani.**
3. **Michele** fa da guida alle due ragazze.
4. La Cappella Sistina è molto **ricca** ed **impressionante.**
5. La pizzeria è **vicina ai Musei Vaticani.**
6. I tre amici salgono sulla cupola **nel pomeriggio.**

E. **Adesso che conosci meglio Roma (e Firenze) comincia a preparare un tuo viaggio in Italia. Elenca:**

1. i musei che vuoi visitare.
2. i grandi artisti e i loro capolavori.
3. le piazze importanti che vuoi vedere.
4. le strade romane che adesso conosci.

F. **Comprensione orale. Ascolta il passaggio e trova la risposta più adatta ad ogni domanda.**

1. Perché Stefano è contento di ritornare negli Stati Uniti?
   (a) A lui non piace la sua famiglia italiana.
   (b) Due mesi sono troppo lunghi.
   (c) Lui preferisce essere negli Stati Uniti.

2. Perché io adoro visitare i Musei Vaticani?
   (a) È un piccolo museo.
   (b) Seguo la guida.
   (c) Trovo sempre un quadro o una statua interessante.

3. Quando non mi piace andare ai grandi magazzini?
   (a) Quando non ho soldi.
   (b) Quando voglio comprare regali.
   (c) Quando non voglio niente.

4. Quando è molto contenta la nonna?
   (a) Quando viene alla festa del mio compleanno.
   (b) Quando io l'abbraccio e la bacio.
   (c) Quando mi dà regali.

Capitolo 20

La partenza

Lisa parte oggi a mezzogiorno e mezzo. La signora Lentini le presta una valigia e uno zaino perchè la sua valigia è troppo piccola per tutti i regali che porta a casa.

presta lends
zaino backpack

5   SIG. LENTINI: Telefono a Ciampino per confermare l'orario della partenza.

SIG.RA Lentini: Già fatto. Il volo è confermato, è in orario. Lisa, dobbiamo essere all'aeroporto molto prima della

10   partenza?

in orario on time

LISA: Due ore prima, per un volo internazionale.

SIG. LENTINI: Allora partiamo da qui alle 10.

MICHELE: Potete partite anche più tardi. A quest'ora non c'è traffico.

15

Michele è impegnato oggi e non può andare a Ciampino. Lisa sente anche un pò di sollievo. Preferisce salutarlo qui a casa e non all'aeroporto. È meno drammatico.

sollievo relief

20   MICHELE: Bene, allora io devo andare! Ti saluto cara Lisa, e ti auguro buon viaggio!

auguro wish

LISA: Grazie di tutto Michele. Vieni a trovarmi a Newton insieme a Gianna!

MICHELE: Certo! Mi conosci. Sai bene quanto

25 mi piacciono gli Stati Uniti. Questo è
un arrivederci, non un addio.

Imbarazzata, Lisa a stento trattiene le
lacrime. Lei lo guarda entrare nella sua
macchina e si promette di scrivergli spesso e

30 di rivederlo .... Fortunatamente sente la voce
del signor Lentini che la chiama.

SIG. LENTINI: Lisa, Gianna, portatemi le
valige, intanto io vado a prendere la
macchina.

35 GIANNA: Papà, hai sempre paura di essere in
ritardo. Non ti preoccupare. Questa
volta andiamo all'aeroporto giusto... e
in anticipo!

Aveva ragione Michele, per strada non

40 trovano molto traffico e arrivano a
Ciampino prima delle undici. Lisa trova il
banco del check-in dei voli internazionali,
consegna il suo bagaglio e riceve la carta
d'imbarco. Tutto è a posto.

45 SIG.RA LENTINI: Bene, non ci resta che
aspettare.

GIANNA: A che ora è l'imbarco?

LISA: A mezzogiorno, fra un'ora. Potete
ritornare a casa se volete.

50 SIG.RA LENTINI: E lasciarti qui da sola, nemmeno per sogno! Ti facciamo
compagnia!

SIG. LENTINI: Poi io ho sempre avuto la
passione per gli aeroporti!

55 LISA: Gianna, devi promettermi di venire a
Newton l'anno prossimo, insieme a
Michele!

---

trovarmi to visit me

addio farewell

trattiene holds back

promette promises

*rivederlo to see him
again*

in ritardo late
volta time
anticipo early

*Aveva ragione
he was right*

*carta d'imbarco
boarding pass*

da sola alone
*nemmeno per sogno
don't even think
about it*

GIANNA: Con lui o senza lui io ci vengo!

ci vengo I'm coming

SIG. LENTINI: Poi vediamo, ...andare sola in
60   America, ... non so.

SIG.RA LENTINI: Ma per piacere! Certamente
        Gianna ti viene a visitare!

GIANNA: Guardate, guardate, cambiano l'ora-
        rio sul tabellone! Lisa, il tuo volo fa
65   ritardo.

cambiano they change

LISA: Fa ritardo? Ma come?

SIG. LENTINI: Non parte prima delle ... aspet-
        tate ... sì, parte alle diciassette.

LISA: Cinque ore di ritardo? Ma a che ora
70   arrivo a Boston?

SIG.RA Lentini: Alle nove di sera. I tuoi
        genitori si preoccuperanno!

SIG. LENTINI: Nessuna paura. Andiamo ad un
        telefono e li avvertiamo.
75
LISA: Bene, così finisco la cartina telefonica.

Gianna si avvicina al padre e gli sussurra
qualcosa all'orecchio.

GIANNA: Grazie papà. Vieni Lisa, andiamo a
        fare una passeggiata. Abbiamo cinque
80   ore da perdere, andiamo a godercele ....

godercele to enjoy them

E così che Lisa, grazie al ritardo del suo
aereo fa un'ultima passeggiata per Ciampino.
Vanno in una piccola piazza a pranzare in
una trattoria simpatica dove, guarda caso,
85 conoscono il signor Lentini!

trattoria small restaurant

Ma l'ora della partenza arriva lo stesso e
con un nodo in gola Lisa saluta la sua famiglia italiana. Gianna piange, la signora
Lentini si soffia il naso e il signor Lentini
90 evita di parlare.

un nodo a knot
piange cries
soffia il naso blows her nose

SIG.RA LENTINI: Allora, ragazze, via ... dopo-
        tutto vi vedrete l'anno prossimo!

LISA: L'anno prossimo! Non dimenticare.
95 Prometti?

dimenticare *to forget*

GIANNA: Sì, prometto. Arrivederci Lisa, ti
voglio bene! Buon viaggio!

ti voglio bene *I love you (for a friend)*

SIG. LENTINI: Buon viaggio cara Lisa. Salutaci
la tua famiglia. È stato un vero piacere
100 averti con noi!

è stato *it was*

SIG.RA Lentini: Buon viaggio cara. Ricorda
che hai sempre una famiglia che ti
aspetta qui in Italia!

Lisa ringrazia ancora i signori Lentini
105 per la loro generosità. Abbraccia tutti e dà a
tutti un ultimo bacio. Poi si avvia verso il
controllo passaporti. All'uscita d'imbarco il
personale sta controllando già i biglietti.

ringrazia *thanks*

Dopo poco tempo è sul pulmino che la
110 porta all'aereo. Seduta al suo posto guarda,
fuori dal finestrino ed ha l'impressione di
lasciare una parte di sé in questo bel paese
dove ha passato un'estate veramente diversa
da tutte le altre!

pulmino *shuttle bus*

finestrino *window*
sé *herself*

ESERCIZI

**A. Vero o Falso? Indica se ognuna delle frasi seguenti è vera o
falsa. Se è falsa, dai la risposta corretta.**

1. Lisa arriva all'aeroporto in anticipo.
2. Michele accompagna Lisa all'aeroporto.
3. L'aereo parte in orario.
4. Lisa è molto contenta di ritornare negli Stati Uniti.
5. La famiglia pranza in un grande ristorante.
6. Gianna promette di visitare Lisa l'anno prossimo.
7. La famiglia di Gianna è attaccata a Lisa.
8. Lisa pensa di lasciare una parte di sè in Italia.

B. Scegli la risposta che meglio completa ogni frase.

1. L'aereo di Lisa parte
   (a) alle dieci e mezzo.
   (b) alle dodici e trenta.
   (c) alle undici.

2. Michele saluta Lisa a casa perché
   (a) oggi lui è impegnato.
   (b) non gli piace andare all'aeroporto.
   (c) vuole partire con lei.

3. Il gruppo arriva a Ciampino
   (a) in ritardo.
   (b) in tempo.
   (c) in anticipo.

4. Lisa e Gianna parlano
   (a) della piccola automobile del padre.
   (b) del lavoro di Michele.
   (c) del viaggio prossimo di Gianna agli States.

5. Per passare il tempo Gianna suggerisce di:
   (a) fare un'ultima passeggiata per Ciampino.
   (b) aspettare pazientemente.
   (c) ritornare a Frascati.

6. Quando si salutano, le due ragazze
   (a) piangono.
   (b) ridono.
   (c) saltano.

C. Completa le frasi secondo il testo:

1. La signora Lentini _____ una valigia a Lisa perché la sua è troppo piccola.
2. Arrivano a Ciampino presto perché non trovano _____.
3. Al check-in Lisa consegna il suo _____.
4. Le ragazze guardano _____ per controllare l'orario del volo.
5. Quando parla, Lisa è emozionata ed ha un _____ alla gola.
6. Vanno a pranzare in una _____ ben conosciuta dal padre.
7. Quando si salutano Gianna dice a Lisa "Ti _____ bene!"
8. Lisa pensa che quest'estate sia stata _____ da tutte le altre!

D. Metti le due frasi insieme con il "che" relativo.

ESEMPIO: Mi piace quella casa. / È vicino al mare.
Mi piace quella casa che è vicina al mare.

1. Saluta la famiglia. /Le vuole tanto bene.
2. Mangiano in una trattoria. /Il signor Lentini conosce.
3. Gianna assicura Lisa. /Va a trovarla in America.
4. Mi piace la cartolina./Ho comprato per i miei genitori.
5. Ti piace il cibo./Noi mangiamo a pranzo?
6. Io voglio comprare la borsa. /Mi piace tanto.

E. Rispondi alle domande. Usa la forma corretta del verbo potere.

ESEMPIO: Lei parte stasera.
No, lei non può partire stasera.

1. Tu compri lo zaino rosso.
2. Voi vedete la basilica di San Pietro.
3. Noi visitiamo Firenze.
4. Le ragazze vanno alla trattoria.
5. Michele saluta Lisa all'aeroporto.
6. Io leggo in macchina.

F. Presente progressivo. Cambia il verbo seguendo l'esempio.

ESEMPIO: Lisa parla con Gianna.
Lisa sta parlando con Gianna.

1. I signori Lentini aspettano con Lisa.
2. Il gruppo arriva all'aeroporto in tempo.
3. Le ragazze ammirano le vetrine.
4. Io faccio il check-in.
5. Tu guardi il tabellone degli orari.

G. Discussione e Composizione.

1. Quanti mesi dura la visita di Lisa in Italia?
2. Come si sente Lisa negli ultimi giorni a Frascati?
3. Che cosa pensi tu della famiglia Lentini?
4. Pensi che l'anno prossimo Gianna va a visitare Lisa?
5. Pensi che Lisa vuole bene alla famiglia Lentini?
6. Vuoi andare in Italia come Lisa?

Vocabolario

A

a to, at; **a che serve** why do you need it; **a meno che** unless; **a posto** all set; **a presto** see you soon; **a proposito** by the way; **a stento** hardly **a volte**; at times
abbastanza enough; rather
abbellire to decorate
abbigliamento *m.* apparel
abbondante abundant
abbracciare to hug
abilmente with ability
abitare to live
abituarsi a to get used to
accanto next to
accento *m.* accent
accertarsi to make sure
accettare to accept
accompagnare to accompany
acero *m.* maple
acquisto *m.* purchase
addio *m.* farewell
addormentato asleep
adesso now
adorare to adore
aereo *m.* plane
aeroporto *m.* airport
affatto at all
affrettiamoci let's hurry
aggiungere to add
ai tuoi comandi at your service
aiutare to help
aiuto *m.* help
albergo *m.* hotel
alcuni some
allegria *f.* happiness
allontanarsi to move away
allora then
allungare to reach

altare *m.* altar
altro other
alzarsi to get up
amare to love
ambasciata *f.* embassy
ambulanza *f.* ambulance
amicizia *f.* friendship
ammirare to admire
anche also
ancora still
angelo *m.* angel
angolo *m.* corner
annunciare to announce
ansia *f.* anxiety
antiquario *m.* antique shops
aperto open
apertura *f.* opening
apparecchio *m.* apparatus, set
appartamento *m.* apartment
appena as soon as, just
apprezzare to appreciate
arachidi *m.* peanuts
aragosta *f.* lobster
aria *f.* air
armadio *m.* closet
arrendersi to give up
arrivederci I'll see you later
artista *m.* /*f.* artist
ascoltare to listen
asparagi *m.* asparagus
aspettare to wait
assaggiare to taste
assaporare to taste
assicurare to assure
assistente di volo *m.*/*f.* flight attendant
attendere to wait
attenzione pay attention
atterrare to land

attimo *m.* second
attore *m.* actor
attrezzato equipped
augurare to wish
autista *m.* driver
autobus *m.* bus
autorità *f.* authority
autostrada *f.* highway
avanti go on
avere fame to be hungry
avere voglia di to feel like
avvertire to inform
avviarsi to get going
avvicina to approach
aeroporto *m.* airport
affatto at all
affrettiamoci let's hurry
aggiungere to add
ai tuoi comandi at your service
aiutare to help
aiuto *m.* help
albergo *m.* hotel
alcuni some
allegria *f.* happiness
allontanarsi to move away
allora well then
allungare to reach

B

bacio *m.* kiss
baffo *m.* moustache
bagaglio *m.* baggage/luggage
bagno *m.* bathroom
balcone *m.* balcony
baldacchino *m.* canopy
banca *f.* bank
bancarella *f.* market stand
barca *f.* boat
barcaccia *f.* ugly boat
basilico *m.* basil
basso short
bastano enough
bastare to be enough

bene well
benvenuta welcome
bidello *m.* custodian
bidet *m.* bathroom fixture
biglietto m. ticket
bocca *f.* mouth
borsa *f.* pocketbook
bottiglia *f.* bottle
braccio *m.* arm
bravo very good
breve brief
bronzo *m.* bronze
bruciare to burn
bruno dark haired
buon viaggio have a nice trip
buona fortuna good luck
burro *m.* butter
buttero cowboy

C

cabina *f.* booth
cadere to fall
calamari m./*pl.* squid
caldo hot
calma calm
cambiare to change
camera *f.* room
camicia *f.* shirt
campagna *f.* countryside
campanello *m.* school bell
cantante *m./f.* singer
caos *m./f.* problem; confusion
capolavoro *m.* masterpiece
capolinea *m.* terminal
capovolgere to flip; turn over
caratteristico typical
carciofo *m.* artichoke
carina cute
caro dear; expensive
carta d'imbarco *f.* boarding pass
cartellone *m.* sign
cartina *f.* city map
cartina telefonica *f.* phone card

cartolina *f.* postcard
cellulare *m.* cellular telephone
cena *f.* supper
centralino *m.* operator
centro *m.* downtown
cercare to search for, look for, try
certo certainly
che that
che forza how funny; that is
  incredible
che frana what a disaster
chiacchierare to chat
chiamare to call
chiaro clear
chiedere ask
chiuso closed
cibo *m.* food
cicoria *f.* dandelion
cima *f.* top
cipolla *f.* onion
cipresso *m.* cypress
circa about; more or less
circolare circulate; to drive
cittadino, *m.* citizen
cittadina *f.* small city
colazione *f.* breakfast
collina *f.* hill
colore *m.* color
colpa *f.* fault
comandante *m.* captain
come as; like
cominciare to begin
commossa emotionally moved
comodo comfortable
compagno *m.* school mate
compere *f./pl.* purchases
compito *m.* homework
completo complete
complicato complicated
comune common
con with; **con chi** with whom; **di
  chi** whose; **a chi** to whom
con affetto affectionately
condizione *f.* condition

confermato confirmed
coniglio *m.* rabbit
conoscenza *f.* acquaintance
conoscere to know
consegnare to check in
consiglio *m.* advise
consolato *m.* consulate (government
  office)
contento happy
controllare to check
controllo *m.* check
convinto convinced
coperchio *m.* cover
copiare to copy
coprire to cover
coraggio *m.* courage, don't worry
cornetto *m.* croissant
corrispondenza *f.* correspon-
  dence; **L'amica di corrispondenza** pen pal
corto short
cosa *f.* thing
costa f. coastline
costoso costly, expensive
cotto cooked
creare to create
creazione *f.* creation
credere to believe
credesse (credere) believed
crema *f.* cream
cucinare to cook
culla *f.* cradle
cuoca *f.* cook
cuore *m.* heart
cupola *f.* dome
cupolone *m.* big dome
curvo bent

D

d'accordo agreed
da from
da che since
dai come on

dappertutto   everywhere
dare una mano   to give a hand
davanti   in front of
davvero   truly; really
decidere   to decide
decisamente   definitely
decollare   to take off
degli   of + the
descrivere   describe
destra   right
dettaglio   detail
di   of; **di chi**   whose; **di colpo**
   suddenly; **di corsa**   running;
   di nuovo   again
difficile   difficult
di fronte   in front of
dimenticare   to forget
dintorni   surroundings
direi *(dire)*   I would say
direttamente   directly
dito   m.   finger (**dita** *f.pl.*)
diventare   to become
diverse   several
diverso   different
divertente   fun
divertirsi   to have a good time; to
   enjoy
divisione   division
dogana   *f.*   customs
doganiere   *m.*   custom officers
dolce   sweet
dollaro   *m.*   US dollar
domani   tomorrow
donna   *f.*   woman
dopo   after
dopodomani   the day after tomorrow
dopotutto   after all
dormiglione   *m.*   sleepy head
dormire   to sleep
dunque   well; therefore
durante   during

E

eccetto   except

eccitato   excited
ecco   here
eccolo   here it is
educata   well mannered
emozione   emotion
entrata   entrance
esagerare   to exaggerate
esatto   exactly
esclamare   to exclaim
espressione *f.*   expression
essenziale   essential
essere sicuro   to be sure
estate   *f.*   summer
estive   summer (adj.)
evitare   avoid

F

facile   easy
facoltà   *f.*   academic department
famoso   famous
fare   to do; to make   **fare**
   compagnia   to keep company;
   fare domande   ask questions;
   fare finta   to pretend;   **fare il**
   numero   to dial;   **fare la fila**
   to stand in line;   **fare ritardo**   to
   be delayed
favoloso   fabulous
felice   happy
femminile   feminine; women
ferie   *f.*   vacation
ferito   wounded
fermarsi   to stop oneself
fermata   *f.*   stop (bus; subway)
festa   *f.*   holiday; party
festeggiare   to celebrate
fetta   *f.*   slice
FIAT   Italian car manufacturer
fiero   proud
finalmente   finally
finestrino   *m.*   car, train window
finire   to end
fino a   as far as; until
finito   finished

fiore *m.* flower
fiume *m.* river
folclore *m.* folklore
fondo *m.* bottom
fontana *f.* fountain
forma *f.* shape
formaggio *m.* cheese
formidabile great
fornello *m.* burner
forse maybe
forte strong
fortunatamente fortunately
forza strength, go....
fosse *(essere)* would be
foulard *m.* scarf
fra poco shortly
frainteso *m.* misunderstanding
francobollo *m.* stamp
frase *f.* sentence
freddo cold
fresco cool
fritta fried
frittata *f.* omelet
funghi *m/pl.* mushrooms
fuoco d'artificio *m.* fireworks
fuori outside
fuso orario *m.* jet lag

G

gamberi *m./pl.* shrimp
gara *f.* race
gelateria *f.* ice cream shop
generalmente generally
generosità *f.* generosity
genitori *m/pl.* parents
gente *f.* people
gentile kind
già already
giapponese Japanese
giardino *m.* garden/yard
giardino publico *m.* park
giocare a carte to play cards
gioia *f.* joy

giù down
giornata *f.* day
girare to tour
girarsi to turn around
gita *f.* tour/field trip
giudizio *m.* judgement
giusto correct
godere to enjoy
gola *f.* throat
gonna *f.* skirt
grammo *m.* gram (weight measure)
gran magazzino *m.* department store
gridare to yell
grigio gray
guadagnare to earn
guancia *f.* cheek
guarda caso coincidentally
guida *f.* guide
gusto *m.* taste; flavor

I

identica identical
identificare to identify
ignoto unkown
illustri well known
imbarco *m.* boarding
imbrunire to grow dark
immaginare to imagine
immensa immense
imparare to learn
impaurire to frighten
impegnato busy
impegno *m.* commitment
impiegato *m.* employee
imponente imposing
impressionante impressing
in in, (in+il = nel); in anticipo
  early; in coda in line; in linea on
  line; in realtà actually
incamminarsi to start walking
incidente *m.* car accident
incontrare to meet
indicazione diriection

indigestione *f.*   indigestion
indimenticabile   unforgettable
indomani *m.*   following day
indorare   to brown/ become golden
infatti   in fact
infilare   to slide
informarsi   to inquire
ingegneria *f.*   engineering
ingrassare   to gain weight;
   ingrassando gaining weight
ingredienti *m./pl.*   ingredients
innamorarsi   to fall in love
insegna *f.* store sign
insegnare   to teach
insieme   together
intanto   meanwhile
interesse   interest
interrompere   to interrupt
intervento *m.*   intervention
intorno   arround
inutile   useless
invece   instead
invitare   to invite
isola *f.*   island
ispirare   to inspire

L

la pelle d'oca *f.*   goose bumps
là/lì   there
laboratorio *m.*   laboratory
lacrima *f.* tear
lasciare   to leave
lasciare stare   let be/ leave alone
lassù   up there
lato *m.*   side
lavarsi   to wash oneself
lavorare   to work
lavoretto *m.*   a small job
lavoro *m.*   job
legata   tied
legno *m.*   wood
lenta   slow
lesso   boiled

lettino *m.*   single bed
liceo *m.*   Italian equivalent of
  school high
limpido   limpid, clear
linea *f.*   line
lingua *f.*   language/tounge
lira *f.*   Italian monetary unit
lo /l'/la   it dir. obj (placed before
  verb)
lo so   I know it
lontananza *f.*   distance
lontano   far
luce *f.*   light
lumache *f/pl.*   snails
lungo   long
lupa *f.*   she-wolf

M

ma   but
maestoso   majestic
magici   magic
maglietta *f.*   T. shirt
mai   never
mal di...   ache
malinconia *f.*   sadness
mammina *f.*   mommy
mancare   to miss
mandare   to send
manichino *m.*   mannequin, dummy
mare *m.*   sea
marito *m.*   husband
maschile   male, masculine
mattina *f*   morning
mattinata *f.*   morning
mattutina *f.*   morning *(adj)*
mazzetto *m.*   small bunch
Medio Evo *m.*   Middle Ages
meglio   better
melodia *f.*   melody
meno   less
meno male   fortunately
mentre   while
mercato *m.*   market

mese *m.* month
Metro (Metropolitana) *f.* subway
mettere to put, place
mettersi a to begin
mezzogiorno *m.* noon
mi dispiace I am sorry
mi piace I like it
mi piaci I like you
mi raccomando I urge you
mi scusi excuse me
milite ignoto *m.* unknown soldier
moda *f.* fashion
modello *m.* style
modo *m.* way
moglie *f.* wife
molto very
monastero *m.* monastery
moneta *f.* coin
monte *m.* mountain
morire to die
morte *f.* death
mostrare to show
motorino *m.* moped
muro *m.* wall
museo *m.* museum

N

nascita *f.* birth
nato (past part. nascere) born
ne about / of it
neanche neither
nervosa nervous
niente nothing; anything **niente male** not bad
nipote *m./f* grandson, grand-daughter, nephew , niece
nipotina *f.* little granddaughter
nodo *m.* knot
non fa niente it doesn't matter
non importa it does not matter
non vedo l'ora I cannot wait
normale normal
notare to notice

notizia *f.* news
nutella *f.* hazelnut spread

O

occasione *f.* occasion
occhio *m.* eye
occupata busy
Oddio oh my God!
odiare to hate
odore *m.* smell
oggi today
ogni every; **ogni tanto** every once in a while
oltre beyond
ombrello *m.* umbrella
opera *f.* work
oppure otherwise
orario *m.* schedule
orecchini *m./pl.* earrings
ormai by now
ospedale *m.* hospital
osservare to observe
ottimo great
ovviamente obviously

P

padella *f.* frying pan
paesana *f.* country style
paese *m.* country, town
paio *m.* pair
palazzo *m.* building
palla *f.* ball; **palla a volo** volleyball
pancetta *f.* Italian bacon
pane *m.* bread
panino *m.* sandwich; **panino al prosciutto** ham sandwich
paninoteca . sandwich shop, arcade
panna *f.* cream
pantaloni *m./pl.* pants
papino *m.* daddy
parcheggiare to park

parere to appear, seem
partenza *f.* departure
partita *f.* game
passeggiata *f.* stroll, walk
passo *m.* step
pasto *m.* meal
patria *f.* country, motherland
paura *f.* fear, to be afraid
pavimento *m.* floor
pazzo *m.* crazy
pazza di gioia thrilled
pelare to peel
pelletteria *f.* leather shop
pensare to think
pensata thought out
pensiero *m.* thought
per for; **per piacere, per favore**
  please
perché because, why
perciò therefore
pericolo *m.* danger
però however, but
personale personal
pesce *m.* fish
pesce spada *m.* sword fish
piacere nice to meet you, pleasure
piangere to cry
piano *m.* floor; slow
pianterreno *m.* ground floor
pianura *f.* plain; flat land
piatto *m.* dish
piazzetta *f.* small square
piede *m.* foot
pigro lazy
pino *m.* pine tree
pisolino *m.* nap
più more, most
più tardi later
piuttosto rather
pizzico *m.* pinch
poco (po') little/ few
porca miseria darn!
porchetta *f.* roasted pork

porta *f.* door
portare to bring
portata *f.* course (meal)
porzione *f.* portion
possibilità *f.* chance, opportunity
posso? (potere) may I?
posteriore behind
posto *m.* seat
potere *m.* (noun) power , (verb)
  to be able
povera poor
pranzare to dine
pranzo *m.* midday meal, lunch
pratica *f.* practice
pratico practical
precipitarsi to rush
prego you are welcome, please
prendere to take
prendere in giro to make fun of
prenotare to make reservation
preoccuparsi to worry
preparare to prepare
presentare to introduce
prestare to lend
presto early
prevedere to foresee
prezzo *m.* price
prima before
primo first course
principale main
profeta *m.* prophet
profondamente deeply
profumeria *f.* perfume store
profumo *m.* aroma, perfume
progettare to plan
promettere to promise
pronto hello? (on the phone)
  ready
Pronto Soccorso first aid, emergency
pronunciare to pronounce
proprio really
prossimo next
protettore protector

provare   to try
pulmino *m.*   minibus
purtroppo   unfortunately

Q

qua/qui   here
quaderno *m.*   notebook
quadro *m.*   painting
qualche   some
qualcosa   something
qualcuno   someone
qualità *f.*   quality
quasi   almost
quella   that
questa   this
quindi   therefore

R

raddrizzare   to straighten up
rana *f.*   frog
rapidamente   fast
rassodare   to set
regalo *m.*   gift
regista *m.*   film director
reparto *m.*   (store) department
restare   to have left
resto *m.*   rest, remainder
ricerca *f.*   research
ricetta *f.*   recipe
ricevere   to receive
ricevitore *m.*   the receiver
richiamare   to call back
richiedere   require
riconoscere   to recognize
ricordare   to remember
ricordo *m.*   souvenir
ridere   to laugh
rientrare   to return home
rifare   to do over
rifiutare   to refuse
rilegge   reads over
Rinascimento *m.*   Renaissance

ringraziare   to thank
ripassare   to come around
riposare   to rest
risolvere   to resolve
risorto   risen
rispondere   to answer
ritirare   to pick up
riuscire   to be able
rivenire   to come back
rivivere   to live again
rivoltare   to turn over
rivoltata   upside down
romana   roman
rompere   to break
rosso   red

S

sai   you know
sala *f.*   hall
sale *m.*   salt
salire   to climb
salsa *f.*   sauce
salutare   to greet
saluto *m.*   greeting
salve   hello
sandali *m./pl.*   sandals
sangue *m.*   blood
santo *m.*   saint
sapere   to know (fact)
sarà   he/she will be (to be)
sbagliare   to make a mistake
sbattere   to scramble/ beat
sbattuta   beaten
scala *f.*   stair
scala mobile *f.*   escalator
scalinata *f.*   stairway
scambiare   to exchange
scampagnata *f.*   picnic
scarpe *f./pl.*   shoes
scelta *f.*   choice
scemo *m.*   foolish/simpleton
scena *f.*   scene
scendere   to descend/ go down

scherzo *m.*   joke; **scherzi a parte**
  kidding aside
scientifico   scientific
sciocca   silly
sciogliere   to melt
sciroppo *m.*   syrup
scivolare   to slip, slide
scoprire   to discover
scritto   past participle of *scrivere*
sdraiare   to lay down
sé stessa   herself
secchiona   (slang) bookworm
secondo *m.*   entree, main course
sedile *m.*   car seat
seguire   to follow
sembrare   to seem
semplice   simple
sentire   to hear
sentirsi   to feel
senza   without; **senza dubbio**
  without a doubt
sera *f.*   evening
servire   to serve, to need
sfilata *f.*   parade
sfortuna *f.*   bad luck
sguardo *f.*   eyes, glance
si gira un film   film shooting
sibilla *f.*   sybil
sicura   sure
sicuramente   surely
sicurezza *f.*   security
sicuro   sure
siepe *f.*   hedge
siero *m.*   serum
silenzioso   quiet
simpatico   nice, pleasant
sinistra *f.*   left
sinonimo *m.*   synonym
situazione *f.*   situation
snella   slender
soccorso *m.*   aid
soddisfatta   satisfied
sodo   hard
soffiare   to blow
sola   alone

solamente   only
soffitto *m.*   ceiling
soggiorno *m.*   stay; living room
sognare   to dream
sogno *m.*   dream
soldi *m./pl.*   money
solito   usual
sollievo *m.*   relief
solo   only, alone
sorprendente   surprising
sorpresa *f.*   surprise
sorridere   to smile
sorso *m.*   sip
sospeso   cancelled
sottili   thin
spalancati   wide open
spalla *f.*   shoulder
specialità *f.*   specialty
spedire   to mail
sperare   to hope
spese *f./pl.*   expenses
spesso   often
spiaggia *f.*   beach
spiegare   to explain
spuntini *m./pl.*   snacks
squisita   delicious
stampare   to stamp
stanca   tired
stasera   tonight
storia *f.*   history
storico   historical
strada *f.*   street
strane   strange
straniero   foreign
strano   strange
stretti   tight
stringere   to tighten
strofinare   rub
struttura *f.*   structure
stupendo   fabulous
su   on
subito   right away, quickly
successo   (past part. *succedere*)
  happen
suggerire   to suggest

suonare to ring
superiore top
supplì *m./pl.* rice ball
sussurrare to whisper
svegliarsi to wake up
svelto quickly, fast

V

voce *f.* voice
voglia *f.* desire, wish
voglio (*volere*) I want

volere to want
volo *m.* flight
volta times
vorrei I would like
vuol dire it means

Z

zaino *m.* backpack
zona *f.* area
zia *f.* aunt